죽음에 부치는 편지

죽음에 부치는 편지
그림으로 엮은 티베트 사자(死者)의 서(書)

초판 발행일 2017년 10월 12일
4쇄 발행일 2022년 2월 25일

원저자 파드마삼바바
그리고 엮은이 혜 산
표지 및 본문디자인 김의현
펴낸이 김현회
펴낸 곳 도서출판 하늘북
등록 1999년 11월 1일(등록번호 제3000-2003-138)
주소 서울시 서대문구 홍제내2다길 40
전화 02-722-2322, 팩스 02-730-2646
E-mail hanulbook@hanmail.net

ISBN 978-89-90883-88-9 03220

*잘못된 책은 구입하신 곳에서 교환하여 드립니다.
*이 책의 저작료 중 일부는 불교호스피스 및 조념염불 활성화에 사용됩니다.

죽음에 부치는 편지

그림으로 엮은
티베트 사자死者의 서書

원저자 파드마삼바바
그림 및 엮은이 혜산

하늘북

귀의문

"법신(法身)의 아미타 부처님께 기원하나이다.

보신(報身)의 대자대비하신 관세음보살님께 기원하나이다.

화신(化身)의 구루(스승)이신

파드마삼바바님께 기원하나이다."

책을 펴내며

2010년 1월, 율원 졸업 여행으로 한 달 동안 떠난 인도와 네팔. 그때의 향수를 지금도 잊을 수가 없습니다. 여행은 우리에게 낯선 곳에서 홀로 떨어져 지내며, 지금껏 익숙했던 공간과 시간에서 벗어나게 해 줍니다. 그리고 이는 훗날 맞이하게 될 '죽음'이라는 여행을 미리 준비하도록 연습하는 기회가 되기도 합니다. 이처럼 여행이 죽음과 비슷한 측면이 있기 때문에 누군가는 "여행이란 사회적 임사(臨死 : 죽음을 경험하는 것) 체험이다."라고 하는 것일지도 모르겠습니다.

그렇다면 자연스레 이러한 질문을 하게 됩니다. "죽음이라는 여행을 위해 어떤 준비를 하고 있는가?" 그 준비를 하는 시간은 오직 '지금 이 순간' 뿐입니다. 따라서 '현재 수행의 질'이 그대로 '사후 여행의 질'을 좌우한다는 것은 너무도 자명한 사실입니다. 힘들게 모은 돈으로 드디어 내일 오랫동안 꿈꾸던 크루즈 여행을 떠날 사람은 그 여행을 얼마나 고대할까요? 마찬가지로 죽음 앞에 당당한 사람은 역설적으로 죽음이란 여행을 고대할지도 모르는 일입니다. 죽음은 결코 끝이 아닌 새로운 시작이기 때문입니다.

이렇게 '죽음'에 대해서 이야기를 하는 것은 이 책(죽음에 부치는 편지)의 모체(母體)가 되는 《티베트 사자의 서》라는 경전이 죽음 이후에 벌어지는 일을 다루고 있기 때문입니다. 이 경전을 일종의 '저승길 지도'라고 생각하시면 좋을 것 같습니다. 하지만 안타깝게도 이 경전의 원문, 그 자체도 물론이거니와 이 경전을 풀이한 시중의 여러 책들도 처음 불교를 접하는 분들에게는 무척 어려운 것이 사실입니다.

대만불교의 어른이신 성운스님께서는, "자신의 어머니를 대하듯 모든 이를 자비롭게 대하며, 자신의 어머니가 이해할 수 있도록 불교를 설명해 주어야 합니다."라고 말씀하셨습니다. 따라서 저는 이 책을 불교를 처음 접하시는 분들도 어렵지 않게 읽을 수 있도록 '그림편지'의 형식으로 만들게 되었습니다. 이 경전의 이름 자체(티베트 사자의 서)에도 편지[書]라는 단어가 들어가기 때문입니다.

이 책을 다 완성한 후 문득 출가 당시의 마음을 떠올려보았습니다. 당시 저의 마음을 사로잡았던 화두는 '삶', '죽음' 그리고 '나'였습니다. 지금껏 산 속의 절집에서, 그리고 도심의 학교에서 공부를 하며, 부끄럽게도 아직 이 화두를 풀지는 못했습니다. 누군가 저 화두들에 대해서 묻는다면 이렇게 답을 하고 싶습니다. "이제 더 이상 죽음은 두려운 대상이 아니라는 것은 알았지만 지금 죽는 것은 두렵습니다."

그리고 지금 죽는 것은 아직 두렵기에 마땅히 지금 주어진 매 순간의 '삶'에서 수행해야 하며, 그 수행을 통해 '나'라고 하는 굴레에서 벗어나게 된다면 그때는 비로소 언제 '죽음'을 맞이하더라도 조금도 두렵지 않을 것이라고 당당히 말할 자신이 있습니다. 이와 관련하여 로마의 웅변가이자 정치가인 키케로는 다음과 같이 말하였는데, 오랜 시간이 지난 지금도 여전히 가치 있다고 생각합니다.

"우리는 마침내 우리가 살아야만 하는 이유들을 갖게 되었다. 그리고 우리는 삶을 살기 위해 노력할 뿐 아니라 죽음에 대해서도 희망을 간직하게 되었다."

이 책은 불교경전에 기반하고 있기 때문에 혹시 다른 종교를 갖고 있거나 종교가 없는 분들께서는 이 책에서 부득이 사용되는 불교적인 용어나 내용에 쉽게 다가가기 어려울 수도 있습니다. 하지만 제가 이 책을 통해서 말하고 싶은 것은 '특정인에게만 해당되는 불교의 가르침'이 아닌 '누구에게나 해당되는 보편적인 죽음'입니다. 그 죽음을 불교적인 용어로 풀이할 수밖에 없었지만, 그 용어가 무엇이든 간에 죽음은 피할 수 없는 것입니다. 따라서 부처님께서도 다음과 같이 말씀하셨습니다.

"태어날 때 혼자서 온다. 죽을 때에도 혼자서 간다. 괴로움도 혼자서 받는다.

윤회의 길도 혼자서 걸어간다. 사람에게는 어쩔 수 없이 혼자 감내해야 하는 이 네 가지 고독함이 있다."

달라이 라마 스님께서도 어느 강연회를 떠나며 다음과 같은 말씀을 제자에게 전하였는데, 제가 이 책을 만든 뜻과 상통하기에 소개해 드립니다.

"기억하게. 우리 목적은 불교도를 더 많이 만드는 것이 아니라 깨달은 사람을 더 많이 만드는 거네. 불교를 가르치되 불교도가 되라고 독려하지는 말게. 그저 마음 안의 사랑, 자비, 모든 것에 대한 보편적 책임감, 지혜 같은 것을 기르도록 독려하게. 어떤 사람들은 강한 선업의 인연이 있어 정식으로 불교도가 되려고 할 수도 있을 것인데, 그런 경우라면 불교로의 개종을 허락할 수 있네. 그러나 일반적으로 강조되어야 할 것은 내면의 영적 가치이지, 특정 종교에 헌신하는 것이 아닐세."

종교를 막론하고 누구에게나 내재되어 있는 영적 가치가 이 책을 통해서 조금이나마 발현될 수 있기를 바랍니다. 우리 모두는 죽음 앞에서 평등하기 때문입니다. 끝으로 이 책에 담긴 가르침은 평소에 불교의 가르침을 배우고 실천한 적이 없는 평범한 사람들 역시도 구제의 대상으로 삼고 있음을 강조하여 말씀드립니다.

서울 남산에서
혜산 합장

감사와
덧붙이는 말씀

출가 후 지금까지 부처님의 가르침을 공부하는 동안 너무도 많은 분들의 은혜를 입었습니다.

이 책을 차마 직접 드릴 수 없는 그리운 고(故) 법정(法頂) 노스님과 출가를 허락해주신 자엄(慈嚴)하신 덕조(德祖) 은사스님, 그리고 누구보다 치열하게 정진하시는 여섯 분의 사숙 스님들. 또한 행자시절부터 늘 보살펴 주신 본사 송광사의 여러 어른 스님들께 깊은 감사를 드립니다.

아울러 제가 공부한 송광사의 강원과 율원, 그리고 실상사의 학림. 그리고 동국대학교의 불교학부와 불교미술 석사에 이르기까지 저를 지도해주신 교수 사 스님들과 교수님들. 더불어 저 멀리 네팔에서 여러 차례 메일을 통해 이 책을 감수해주신 중암스님께도 진심으로 감사의 말씀을 전합니다.

이분들 외에도 결코 짧지 않은 시간 동안 제가 무탈하게 공부할 수 있도록 큰 도움을 주신 분들이 너무도 많습니다. 따로 감사의 마음을 전하도록 하겠습니다.

이러한 고마운 인연이 아니었다면 이 책은 결코 나올 수 없었을 것입니다. 따라서 제가 아닌 이 분들의 이름으로 인세의 전액을 보시하도록 하겠습니다. 마침 제가 공부했던 송광사의 율주스님께서 부산에서 호스피스 복지관을 운영하시는데, 이 책의 취지에 가장 적합한 곳이라고 판단하여 그 곳에 보시하기로 하였습니다.

혜산 합장

목차

책을 펴내며　06

제1장. 티베트 사자(死者)의 서(書) 소개　13

제2장. 첫 번째 중음 : 임종중음 – 사후 3~4일　35

제3장. 두 번째 중음 : 실상중음 – 제1일~제5일　81

제4장. 두 번째 중음 : 실상중음 – 제6일~제7일　123

제5장. 두 번째 중음 : 실상중음 – 제8일~제14일　153

제6장. 세 번째 중음 : 재생중음 – 여러 환영들　187

제7장. 세 번째 중음 : 재생중음 – 재생의 기로에서　233

제8장. 네 가지 기도문　283

책을 마치며　298

"중음에서
바람에 날리는 솜털처럼
홀로 날아다니는 마음이
평화와 지혜를 지닌 자들의 강한 손에서
위로를 얻는다면
두려움에 떨거나 슬피 울지 않고
정토로 솟아오를 수 있다.
낯선 곳을 정처 없이 헤매다가
가르침의 힘으로 인해 도움을 받는다면
그것은 얼마나 놀라운 위로인가!"

– 툴쿠 퇸둡

제1장

티베트 사자(死者)의 서(書) 소개

이 책은 '책을 펴내며'에서도 밝힌 바와 같이
《티베트 사자의 서》를 '그림편지' 형식으로 엮은 것입니다.
총 8장으로 구성이 되어 있는데,
제2장부터 시작되는 본론에 들어가기에 앞서,
이번 제1장은 이 책의 모체인 《티베트 사자의 서》를
총 10편의 그림편지로 소개하도록 하겠습니다.

제1장
1

태어난 순간 우리는 자동적으로 죽음이 정해진 시한부 인생과 마찬가지입니다. 이미 이 세상을 떠난 소중한 사람들을 위해, 그리고 미래에 반드시 마주하게 될 당신의 죽음을 위하여 티베트의 구루(스승)이신 파드마삼바바께서 저술하신 《티베트 사자의 서》의 가르침을 그림편지로 엮어서 부칩니다.

이미 죽은 사람, 그리고 앞으로 죽게 될 우리 모두에게 이 경전의 가르침은 반드시 필요합니다.

이 경전(티베트 사자의 서)이 갖는 1차적인 의미는 이승에 있는 우리가 중음에서 떠돌고 있는 망자에게 해탈의 길로 올바르게 찾아가는 가르침을 들려주는 것입니다. 그리고 2차적인 의미는 자연스레 이승에 있는 우리 역시도 이 가르침을 듣고[聞], 사유하고[思], 수행하여[修] 자신의 죽음을 미리 대비하는 것입니다. 그렇기 때문에 중암 스님[1]은 이 경전을 일러 '내 영혼의 귓가에 들려주는 최후의 깨달음의 노래'라고 말씀하셨습니다.

혹시라도 "죽음 이후의 일을 살아 있는 지금의 내가 왜 굳이 배워야 하는가?"라는 질문을 할지도 모르겠습니다. 이와 유사한 내용이 《밀린다왕문경》이라는 경전에 나옵니다. 이 경전의 '제4장. 수행의 시기'에서 밀린다왕이 나가세나 존자에게 수행의 시기를 여쭙자 존자는 다음과 같이 답합니다.

"대왕이여, 당신은 어떻게 생각하십니까? 당신은 목마를 때에 이르러야 비로소 '나는 물을 마시고 싶다'라고 하여 우물을 파고 저수지를 만들게 하겠습니까? 시기가 도래했을 때에 비로소 하는 노력은 실은 해야 할 것을 하지 않은 것입니다. 미리 하는 노력이야 말로 해야 할 것을 하는 것입니다."

죽음에 임박해서야 비로소 "〈내가〉 왜 〈지금〉 죽어야 하지?"라고 묻는다면 이는 의미 없는 물음에 불과할 뿐입니다. 죽을 날을 정확히 예측할 수가 없기 때문에 미리 준비하는 것이 중요합니다. 목이 마르고 나서야 우물을 파는 것은 이미 늦었고, 아무것도 하지 않은 것과 마찬가지이기 때문입니다.

---

1) 현재 네팔에 머물며 오랫동안 티베트 불교를 수행하고, 여러 권의 티베트 불교 관련 서적을 저술하였습니다.

제1장
2

구루 파드마삼바바께서는 8세기경에 이 땅에 머물러 티베트 불교를 일으켰습니다. 티베트 사람들은 이 분을 지혜를 상징하는 문수보살님과 자비를 상징하는 관세음보살님, 그리고 마군(魔軍)을 굴복시키는 힘을 상징하는 금강수보살님의 세 존자가 합일한 화신불(化身佛)로 믿고 있습니다.

이 경전을 저술하신 구루 파드마삼바바께서는 성스러운 보살님들의 화현(化現)이며, 또한 위대한 화신불(化身佛)입니다.

파드마삼바바²⁾란 '연꽃 속에서 태어났다'는 뜻입니다. 이 책의 모체가 되는 《티베트 사자의 서》의 저자이며, 티베트의 큰 성인입니다. 이번 두 번째 편지에서 제가 드리고 싶은 이야기는 바로 신심(信心)에 대해서입니다.

우리는 보통 4가지 기준으로 대상을 판단합니다. 이를 현량(現量), 비량(比量), 사량(似量)³⁾, 그리고 성언량(聖言量)이라고 합니다. 이 가운데 앞의 3가지는 모두 현상계를 관찰할 때의 일입니다. 하지만 미혹한 우리 중생이 이들만 가지고는 도저히 판단할 수 없는 영역이 존재합니다. 이러한 미지(味知)의 영역에 대해서 불보살님이나 성인들의 말씀, 그리고 경전들의 가르침에 의해 그대로 믿는 경우가 있으니, 이를 마지막의 성언량이라고 합니다.

예컨대, 극락세계가 서쪽으로 십만 억의 불국토를 지난 곳에 있다든가, 지옥세계가 어떠어떠하다든가 하는 것은 현량 등으로 알 수 있는 영역이 아니므로 성언량에 의해서 인식해야 합니다. 오늘날의 세상을 불법에서는 시기적으로 말법(末法)이라고 합니다. 하지만 그 중에서도 이 책에 담긴 진리를 깊은 신심으로써 믿는 분이 계실 것이며, 이는 과거에 많은 선근을 심은 좋은 과보로 인한 것입니다.

---

2) 존자께서 태어난 지역은 당시 우디야나국(오늘날 파키스탄 동북부 지역)입니다. 전하는 바에 의하면, 우디야나국의 인드라붓다 국왕이 화원을 산책하다가 뜻하지 않게 호숫가에서 아기를 발견하였습니다. 그리고 연꽃을 깔아서 만든 침구 위에 놓여 있던 아기를 거둔 국왕은 친자식처럼 길렀습니다. 이 전설이 후대로 전해지면서 파드마삼바바가 연꽃 속에서 태어났다고 전해집니다. 이후 그는 중인도의 나란다 불교대학과 티베트와 네팔, 부탄에 이르기까지 수많은 가르침과 신통력을 보이며 히말라야산 일대의 정신적 스승으로 지금까지도 모셔지고 있습니다.
3) 현량 - 눈에 보이는 것, 들리는 것들을 있는 그대로 받아들이는 것으로 소를 보고 소인 줄 아는 것입니다.
  비량 - 단서에 의해 추측하는 것으로 담 너머 뿔을 보고 그 밑에 소가 있을 것이라 짐작하는 것입니다.
  사량 - 잘못된 추측으로, 현량과 비량 양자의 경우에 모두 해당이 됩니다.

제1장
3

파드마삼바바께서는 1300여 년 전 티베트의 라닥에서 한 망자(亡者)의 장례식을 지켜보게 됩니다. 그리고 깊은 선정 속에서 망자가 죽음의 순간부터 환생하기까지 어떠한 경험들을 하며, 그 경험들의 원인이 무엇인지를 살펴보았습니다.

이윽고 망자가 전생의 업력 때문에 환영의 노리개가 되어 윤회의 고통을 거듭하는 것을 깨닫게 됩니다. 마침내 대자비심을 일으켜 망자를 윤회에서 해탈로 이끌기 위하여 방대한 경전들의 핵심들을 압축하여 《티베트 사자의 서》를 저술하게 됩니다.

파드마삼바바께서 이 경전을 저술하게 된 동기는 가없은 중생을 구제하기 위한 대자비심에서 비롯된 것입니다.

어느 생물학자가 지구상의 무수히 많은 생명체들을 조사한 결과 그들 사이에 단 한 가지의 공통점을 발견했다고 합니다. 그것은 바로 "죽는 것을 싫어하고 살아있음을 욕망한다.(이고득락離苦得樂)"는 것입니다. 즉, 인류의 본능적인 욕망은 살아 있는 것, 그리고 계속해서 살아가는 것입니다. 그러나 생명체들은 끝내 필연적으로 닥치게 되는 죽음에 직면하여 이생의 모든 욕망을 매듭짓게 됩니다.

이때 죽은 이의 곁에서 이 경전을 독송해주면 죽음의 과정을 편안히 지나는 데 도움을 줄 수 있습니다. 다시 말하면, 중음의 세계에서 어찌할 바를 모르고 홀로 두려움 속에 방황하고, 뿐만 아니라 업의 환영에 의해서 괴로움에 힘들어하고 있는 망자가 이승에서 이 경전을 독송해주는 법음(法音)을 듣고 진리를 깨달아 해탈의 원만한 경계에 들어가는 것입니다. 아니면 적어도 편안한 죽음과 안정된 재생이라는 목적에 도달하게 됩니다.

그리고 이 가르침은 중음에 있는 망자만이 아니라 지금의 우리에게도 꼭 필요한 것입니다. 사후에 자신이 중음에 있을 때 이 가르침을 이승에서 함께 공부의 인연을 맺은 소중한 사람이 읽어준다면, 이보다 더 큰 도움이 또 어디에 있을까요. 더 나아가 생전에 이 가르침을 완벽히 터득한 사람은 제 3자의 도움 없이도 홀로 중음에서 해탈할 수 있습니다. 마치 지도를 완전히 숙달한 여행가가 홀로 목적지까지 잘 도착하는 것과 마찬가지 이치입니다.

제1장 4

구루 파드마삼바바께서는 이 경전을 비롯하여 저술한 수많은 경전들을 세상에 즉시 공개하지 않고 티베트의 설산(雪山) 자락에 한 권씩 숨겨 두었습니다. 그리고 그는 죽기 전 몇 명의 제자들에게 특별한 능력을 전수하였는데, 그것은 그들이 적당한 시기에 환생하여 자신이 숨겨 놓은 경전들을 찾아 이 세상에 알리는 능력이었습니다.

이 경전은 그의 제자인 릭진 카르마 링파가 티베트 북부지방의 한 동굴에서 찾아낸 비밀의 책입니다.

이 경전은 티베트의 설산 자락에 비밀리에 감추어짐과 동시에 파드마삼바바는 훗날 이 경전의 발굴자로 릭진 카르마 링파를 예언합니다.

이번 편지에서 언급한 것처럼 산이나 바위, 동굴 등에 은닉한 비장성물(祕藏聖物)을 찾아내는 특별한 능력을 지닌 제자들을 티베트어로 '테르퇸'이라고 합니다. 이는 곧 우리말로는 '비장성물을 찾아내는 자'라는 의미입니다. 현재까지 이 테르퇸들이 찾아낸 파드마삼바바의 경전만 해도 65권에 이른다고 합니다. 파드마삼바바가 생전에 저술한 책이 100여권이 넘었다고 전해지므로 그 나머지 책들은 아직도 이 세상에 나타날 때를 기다리며, 저 미지의 동굴 속에 묻혀 있는 것입니다.[4]

이 경전(티베트 사자의 서)은 이러한 테르퇸 중에서도 가장 뛰어난 인물로서 14세기에 살았던 릭진 카르마 링파가 15세가 되던 해에 발굴한 경전입니다. 또한 이 경전이 발굴되어 세상에 출현한 의미에 대하여 라마 카지 다와삼둡은 다음과 같이 평하고 있습니다.

"그것은 보물 중의 보물이었다. 그것은 깊은 동굴 속에서 꺼내져 세상에 나오자마자 진리의 길을 걷는 많은 이들을 초월의 세계로 이끌었다. 여기, 깊은 동굴이란 무엇을 의미하는가. 바로 우리 자신의 어둠과 무의식이 아닌가. 그리고 그 속에는 우리 자신을 빛의 몸으로 탈바꿈시킬 근본 진리가 숨겨져 있는 것이 아닌가."

---

[4] 《티베트 사자의 서》와 같은 심오한 경전들을 비장한 목적에 대하여 복장대사(伏藏大師) 가운데 한 분인 직메링빠(1729~1798)는 다음과 같이 말하였습니다. "여기에는 네 가지 목적이 있으니, 1. 불법의 쇠락(衰落)을 막기 위함이며, 2. 교계(敎誡)를 바르게 보존하기 위함이며, 3. 가피(加被)가 줄어들지 않도록 하기 위함이며, 4. 전승(傳承)을 밀착 보존하기 위함이다."

제1장 5

이 경전의 티베트어는 '바르도 퇴돌(Bardo Thos-grol)'입니다. 'Bardo'는 'Bar(A와 B의 사이, 또는 중간)'과 'do(A와 B를 연결함)'의 합성어로서, 즉 '중간 상태(중음)'를 말합니다. 그리고 'Thos-grol'은 'Thos(듣는 것으로)'와 'grol(영원한 자유에 이르기)'의 합성어입니다. 따라서 이 경전의 제목을 풀이하면 다음과 같습니다.
"죽음과 탄생의 사이인 중음(中陰) 상태에서 망자가 법문을 듣고 윤회에서 해탈을 얻는 위대한 가르침"

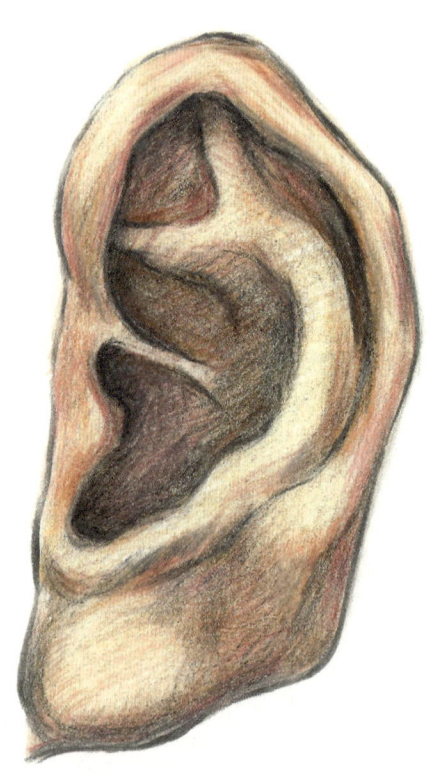

> **이 경전의 제목 풀이는 "죽음과 탄생의 사이(중음)에서 이 가르침을 듣는 것만으로 망자가 윤회의 속박에서 해탈을 얻는 위대한 가르침"입니다.**

이번 다섯 번째 편지의 가장 핵심적인 단어는 '중음'과 '들음'입니다. 우선 중음에 대해 생각해 보겠습니다. 불교에서는 죽음이란 생명의 영원한 끝남이 아니고 단지 마음(심식)이 육체를 떠났을 뿐이며, 이 정신이 하나의 새로운 생명에 들어감을 일컫습니다. 이때 이승에서의 오래된 육체를 떠난 마음이 새로운 육체를 찾아 떠나는 49일간의 기간이 바로 중음인 것입니다.

거듭 강조하지만 죽음은 결코 끝이 아닙니다. 이 중음은 사후에만 존재하는 것이 아닙니다. 매일 꿈을 꾸는 것도 중음이며, 수행을 통해 선정에 있는 순간도 중음이며, 더 나아가 뭇 현상들이 끊임없이 일어났다가 사라지는 삶의 매 순간마다(중간 상태) 우리는 중음 속에 있는 것입니다.

다음의 '들음'에 대해서는 앞으로 줄곧 강조될 것이므로 여기서는 간략하게 아래의 한 문장을 먼저 소개합니다.

"듣고, 들은 그대로 사유하고, 사유한대로 행하는 것은, 망자의 업의 흐름을 바꾸는 위대한 힘을 갖추고 있으니, 이는 중음세계에서 해탈을 얻는 가장 소중한 열쇠이다."

또한 중음기간 중 망자에게 가르침을 듣게 하는 제도가 가장 중요한 이유는 망자의 감각기관이 생시보다 몇 배나 뛰어나기 때문입니다. 특히 임종중음에서는 귀의 기능이 매우 예리[5]하여 방금 임종한 사람도 아직 소리를 들을 수 있습니다. 따라서 정토불교에서는 망자가 임종을 맞이하면, 바로 왕생을 위해 부처님의 명호를 들려주는 조념염불(助念念佛)을 합니다.

---

5) 따라서 대승경전인 《능엄경(楞嚴經)》에서도 특별히 '들음'을 강조하여 관세음보살님의 '이근원통(耳根圓通)' 수행을 따로 설하고 있습니다.

제1장
6

일반적인 수준의 영적 능력을 가진 우리네 범속한 사람들은 사후에 일반적으로 49일에 걸친 험난한 중음의 과정을 겪게 됩니다. 하지만 살아 있을 때 수행을 열심히 하면, 이러한 중음의 과정을 거치지 않고 곧바로 해탈에 이를 수가 있습니다.

금생의 육신으로 해탈을 얻어서 다시는 윤회의 고통을 받지 않는, 이것이 바로 '즉신성불(卽身成佛)'입니다.

이 경전이 필요 없는 분들은 금생에 깨달음을 성취하신 극소수의 성인들께만 해당됩니다.

우리가 불교를 수행하는 가장 기본적인 목적은 '탐욕 등의 번뇌로 인해 생긴 악업을 소멸시키는 것'입니다. 그리고 이러한 탐욕 등의 번뇌는 직접 윤회를 일으킬 수 없으며, 반드시 선악의 업을 짓는 단계를 거쳐야 합니다. 그리고 그 업의 과보로 인해 고통을 받게 됩니다. 이러한 탐진치의 번뇌와 업, 그리고 괴로움을 반복하는 중생의 삶과 죽음을 '혹-업-고(惑業苦)', 즉 윤회라고 합니다.

이미 이루어진 업은 반드시 결과를 남기게 됩니다. 따라서 업이 존재하는 한 그것은 윤회를 일으키며 역시 번뇌가 소멸되면 윤회도 틀림없이 그치게 됩니다. 비유하면, 어느 농부가 그의 창고를 곡식으로 가득 채운 뒤에 그것들을 사정에 따라 처분했다고 할 때, 이 농부는 그의 창고가 더 이상 곡식으로 차 있지 않다는 것을 스스로 알 수 있게 됩니다.

이와 마찬가지로 수행자는 다음 생에 다시 태어날 것인지 아닌지를 미리 알 수 있다는 것입니다. 왜냐하면, 재생의 원인과 동기인 번뇌와 업이 소멸된 것을 스스로 알 수 있기 때문입니다. 이것을 '해탈의 경지를 (스스로) 알아 보다'는 의미로써 해탈지견(解脫知見)이라고 합니다.

아래는 아라한의 노래로써, 깨달은 이의 심정을 표현한 것입니다.

"나의 삶은 이제 다 끝났다.
고결한 삶을 완성하였고, 할 일을 다 했으니,
내생에 다시 태어나지 않을 것을 나 스스로 안다."

제1장
7

하지만 생전에 큰 깨달음을 얻지 못한 대부분의 가엾은 망자를 위하여 이 책을 임종의 순간부터 사후 49일 동안 꼭 읽어주어야 합니다. 이 책은 크게 3부분으로 구성되어 있습니다. 첫 번째는 '임종(臨終)중음'에서 망자에게 청정한 빛을 일깨워줌이며, 두 번째는 '실상(實相)중음'에서 망자가 겪는 수많은 환영들의 본래 모습을 일깨워줌이며, 세 번째는 '재생(再生)중음'에서 망자가 어리석게 자궁으로 들어가서 다시 태어나지 않도록 일깨워주는 것입니다.

깨달음을 얻지 못한 대부분의 우리 모두에게는 이 경전이 꼭 필요하며, 이 경전은 크게 3부분으로 구성되어 있습니다.

우리가 막연하게 알고 있는 사후 49일을[6] 이 경전에서는 크게 세 가지 중음으로 나누고 있습니다. 이 중음들에 대한 가장 기본적인 내용을 표로 간략히 정리하였습니다. 자세한 내용은 이 책 전반을 통해 살펴볼 것입니다.

	기간	의미	이 기간에 독송하는 목적
1. 임종 중음	호흡 정지 이후 약 3일 반	죽는 순간의 중음	망자가 죽음의 과정을 인지하고 나아가 임종할 때 차례로 나타나는 두 차례의 청정한 빛을 깨달을 수 있도록 도와줍니다.
2. 실상 중음	임종중음 이후 14일	존재 근원(법성法性)의 실상(實相)과 직면하는 중음	실상중음의 세계는 환영으로 가득한데, 모든 것이 망자의 마음이 반영된 것입니다. 이런 환영에 이끌려 윤회에 빠지지 않도록 망자에게 중요한 경고를 간절히 제시하여 해탈을 성취할 수 있도록 도와줍니다.
3. 재생 중음	실상중음 이후 49일까지	재생의 길을 찾는 혼란 상태의 중음	망자에게 마지막으로 정토에 왕생할 기회가 주어집니다. 만약 정토 왕생이 이루어지지 않더라도 삼악도를 피하고, 또한 인간계 중에서도 불법이 있는 땅에 망자가 태어나도록 도와줍니다.

---

[6] 임종이 임박해올 때(사망선고 즈음), 조념염불과 함께 임종중음의 전체 내용(시간이 허락하지 않는다면 우측 페이지 상단의 요약문)을 임종자에게 읽어주어야 합니다. 또한 보통 3일 반 정도인 임종중음 기간은 망자의 업에 따라 일정하지 않으므로 사망선고 시점 기준으로 3일 반 동안은 임종중음과 실상중음의 제1~제4일의 내용을 함께 읽어주어야 합니다.

제1장. 티베트 사자死者의 서書 소개

제1장
8

망자의 시신이 없는 경우에는 망자의 생전 공간(침상이나 방안 등)에 자리를 잡은 뒤, 망자가 옆에 앉아서 듣고 있다고 상상하며, 이 경전을 읽어주어야 합니다. 망자의 시신이 있는 경우에는 호흡이 막 멎었을 때, 망자의 귀에 입술을 가까이 대고, 이 경전을 읽어주되 귀에 닿지 않게 주의해야 합니다.

이 경전을 독송할 때, 망자의 시신이 없는 경우와 있는 경우가 있으며, 독송자는 주의사항을 반드시 유념해야 합니다.

이번 편지의 내용은 독송 시의 주의사항입니다. 정토불교의 스승인 인광스님의 저서 《임종삼대요(臨終三大要 – 임종의 세 가지 중요한 일)》에서는 이를 다음과 같이 3가지로 크게 정리하고 있습니다.[7]

"1. 망자를 좋은 방법으로 이끌고 위로하여, 바른 믿음이 생겨나게 한다.
2. 돌아가며 염불해서, 임종자가 오로지 염불만 할 수 있도록 돕는다.
3. 절대 임종자를 서둘러 옮기거나 흔들거나 슬피 울어서는 안 된다."

이 가운데 첫 번째 방법의 좋은 방법이란 구체적으로 무엇인지, 다시 몇 가지로 나누어 설명하면 다음과 같습니다.

① 임종 전에 집으로 모시는 것은 매우 중요하다.[8]
② 임종자의 서쪽에 극락세계의 성인들의 존상을 모셔 관상하게 한다.
③ 망자에 대한 좋은 기억만을 떠올리고 그를 위한 공덕을 쌓는다.[9]
④ 조용히 임종자가 편안한 마음으로 임종발원을 하게 한다.[10]
⑤ 독송자가 평소 이 경전(티베트 사자의 서)의 가르침에 통달해 있다면, 망자에게 보다 효과적으로 이 가르침을 전할 수 있다.

---

7) 반드시 권하는 책입니다. - 인광스님 저, 정전/보정 역, 《아름다운 이별, 행복한 죽음》, 비움과 소통, 2015.
8) 병원에서 임종을 맞이하게 될 경우 반드시 임종실이나 1인실(내지는 특실) 등으로 임종 전에 미리 옮기고 그 곳에서 가족들 및 종교적 스승의 품 안에서 임종을 맞이하는 것입니다. 그리고 사망 선고 후 최소한 8~12시간이 경과한 후 영안실로 안치해야 합니다.
9) 망자의 유족들이 갖는 마음자세와 태도는 매우 중요합니다. 즉 망자의 곁에서 행하는 우리의 행동에 따라서 사후 망자가 경험하는 일들에 중요한 차이가 생길 수 있습니다. 누군가 죽음을 맞을 때 살아 있는 사람들은 사후 며칠 동안 고인에게 집착이나 적개심을 느끼지 않으려고 노력하는 게 중요합니다. 따라서 소중한 이가 죽은 뒤 적어도 며칠에서 몇 주 동안 살아 있는 사람들은 망자에 대해 긍정적인 생각과 기억을 유지하고, 그런 식으로 행동해야 합니다. 가장 효과적인 법은 슬픔에 빠져 삶을 낭비하는 게 아니라 우리의 마음을 기도와 명상, 그리고 망자의 천도에 집중하는 것입니다.
10) 《백업경(百業經)》에서 석가모니 부처님께서는 "임종의 발원대로 내생을 받는다."고 하셨습니다.

제1장
9

경전을 읽어주는 사람은, 생전에 망자의 스승이 읽어주면 가장 좋습니다. 그렇지 못한 경우에는 같은 수행을 닦은 도반이나, 가족과 형제, 또는 같은 종교를 가진 학식 있는 자로서 음성이 맑고 글을 명료하게 읽을 줄 아는 사람이 여러 차례 반복해서 읽어주도록 합니다. 그렇게 하면 망자가 생전에 들었던 가르침을 기억해서 단번에 생사의 속박에서 벗어나 해탈하게 됩니다.

> **망자를 위해 이 경전을 읽는 사람은
> 생전 망자의 스승이 가장 좋으며,
> 반복해서 또박또박 읽어주도록 합니다.**

이번에 다루고자 하는 내용은 '망자의 자세'입니다. 아홉 번째 편지의 본문에는 생략된 내용인데, 여러 추가적인 설명이 필요하기 때문입니다. 우선 이와 관련된 경전의 내용을 살펴보겠습니다.

"임종자의 숨이 멈추려 하면, 오른쪽 옆구리를 바닥에 닿게 눕혀서 사자(獅子)의 자세를 취하게 한 뒤, 목의 동맥을 세게 누르도록 하라. 수면에 들게 하는 목의 두 동맥의 맥동이 멎도록 강하게 누름[11]으로써, 전신의 생명이 바람들이 중맥 안으로 들어간 뒤 흘러나오지 않고, 망자의 의식이 정수리에 있는 통로를 통해서 빠져나오게 된다."

이러한 자세와 방법을 취하는 이유는 임종의 순간에 망자의 의식이 육체의 여러 구멍을 통해서 나가게 되는데, 나가는 방향에 따라 다음에 어느 생을 받는지가 크게 결정되기 때문에 좋은 방향으로 이끌어 주기 위해서입니다.[12] 이를 살펴보면, 따뜻한 기운이 아래에서 위를 향해 나아가면 좋은 곳으로 가게 되고, 반대로 위에서 아래를 향해 나아가면 나쁜 곳으로 떨어지게 됩니다. 따라서 궁극적으로 임종 시에 망자의 의식을 정수리로 보내기 위한 방법인 것입니다.

---

11) 목의 두 동맥을 멎도록 하는 방법은 초보자가 섣불리 행해선 안 되며, 반드시 숙련된 사람이 해야만 합니다.
12) 밀교의 논서에서는 이러한 과정을 다음과 같이 설하고 있습니다.
"영혼이 시체에서 떠나갈 때에 전신이 별안간에 일시에 식어지는 것이 아니고, 몸 아래부터 먼저 식거나 혹은 몸 위에서부터 먼저 식는다. 몸의 더운 기운이 최후에 발에 와서 식으면 지옥에 나는 것이요, 무릎에 와서 식으면 축생도에 나는 것이요, 배에 와서 식으면 아귀도에 나는 것이요, 가슴에 와서 식으면 인도에 나는 것이요, 눈에 와서 식으면 천도에 나는 것이고, 정수리에 와서 식으면 성도 즉 극락에 나는 것이다. 아수라는 종류가 많아서 식는 곳을 확실히 정하기 어려운 것이다."

제1장
10

이 경전을 실제로 독송하는 순서는 다음과 같습니다.
첫 번째, 재산이 넉넉하면 풍성하게 공양물을 마련해서 불법승 삼보께 올리도록 합니다. 그렇지 못한 경우에는 어떠한 공양물이든 형편대로 올린 다음, 마음으로 생성한 무한한 공양물들을 올리도록 합니다.
두 번째, 네 가지 게송을 망자에게 3번 또는 7번 낭랑하게 읽어주도록 합니다. 마지막으로 이 경전의 내용을 3번 또는 7번 읽어주되, 그 때의 형편에 맞게 조절합니다.

이 경전의 독송절차는 ① 공양물 준비 ② 네 가지 기도문 낭송 ③ 경전 독송의 순서로 이어집니다.

편지글에서 언급된 내용을 간략하게 표로 정리하였습니다.

① 실체 공양	공양을 마련할 능력이 있는 자는 실물을 공양하고, 전력을 다하여 삼보를 준비합니다.
② 관상 공양	공양을 마련할 수 없으면 부분적인 실물을 공양하고 부족한 공양물은 다시 전력을 다하여 관상의 방식으로 기원합니다. 실체의 공양이든 관상의 공양이든 성심성의껏 전력을 다하는 것이 관건입니다.

이어서 기도문 낭송이 이어지는데, 이는 편의상 제8장에 수록하였습니다.

게송의 이름	성격과 목적
① 모든 부처님과 보살님들께 가호를 청하는 기도	• 보호 기원 　- 모든 부처님들과 보살님들의 가피를 기도
② 여섯 중음의 실상을 밝히는 기도	• 경책 제시 　- 여섯 가지 중음 경계를 경고하는 기도
③ 중음의 공포에서 벗어나기를 원하는 기도	• 공포 해소 　- 중음의 공포에서 벗어나기를 기도
④ 중음의 험로에서 구원을 청하는 기도	• 위험 극복 　- 중음의 험로에서 구원받기를 기도

현대인들은 삶과 죽음에 대해 다음과 같이 말합니다.

"살아 있는 우리들(죽어 보지 않은 사람)은
누구도 죽음에 대해 이야기할 수 없으며,
죽음이 무엇인지,
사후에 어떤 일이 일어나는지 누가 어떻게 알랴."

하지만 티베트의 성인들은 삶과 죽음에 대해
다음과 같이 말합니다.

"어떠한 사람도 죽음의 세계로부터 돌아오지 않은 자는 없다.
사실 우리 모두는 이번 생에 태어나기 전에
무수히 많은 죽음들을 겪었다.
태어남이라고 부르는 것은 단지 죽음의 반대편에 불과하다.
그것은 동전의 양면 가운데 한 면과 같고,
방안에서는 출구라 부르고 바깥에선 입구라고 부르는 방문과 같다.
오히려 지난 번 생의 죽음을 기억하지 못하는 게
더 이상한 일이다."

제2장

첫 번째 중음
임종중음 – 사후 3~4일

앞서 제1장에서 이 책의 모태가 된 경전 《티베트 사자의 서》에 대한
간략한 설명을 마쳤습니다. 이제 제2장에서는 세 가지 중음 가운데
첫 번째 중음인 임종중음에 대해 살펴보겠습니다.
임종중음의 핵심은 '숨이 멎는 순간부터 약 3일 반 정도 동안
망자 앞에 나타나는 청정한 빛'입니다. 이에 대한 경전의 내용을
총 22편의 그림편지와 함께 살펴보겠습니다.
이 편지부터 편지를 읽는 사람은 곧 자신이며, 듣는 이는 곧 망자라고
상상하며 읽는다면 더욱 효과적으로 독송할 수 있습니다.

제2장
11

이제 망자인 그대는 숨이 멎고서 약 3일 반 정도의 기간 동안 임종중음에 들어가게 됩니다. 그대의 신체에 있는 생명의 바람들이 지혜의 통로인 중맥(中脈) 안으로 소멸함과 동시에 그대는 법신의 본래 성품인 첫 번째 청정한 빛을 체험하게 됩니다.

이 순간 그대는 이 청정한 빛을 인식해서 그 속에 머물러야 합니다. 저는 당신을 올바른 해탈의 길로 인도해 드리겠습니다.

망자는
임종중음에서
첫 번째 청정한 빛을 보게 됩니다.

이 경전의 교리적 배경이 되는 밀교에서는 인간의 죽음을 다음과 같이 설명하고 있습니다.[13]

"① 인간의 몸에는 척추를 따라 위 아래로 길게 뻗어있는 중앙의 맥도와 왼쪽의 큰 맥도, 그리고 오른쪽의 큰 맥도가 근본삼맥(根本三脈)으로 존재하고, 여기에서 파생된 72,000개의 맥도(脈道)들이 존재한다.
② 임종 시에 이 72,000개의 맥도들 속에서 움직이는 모든 생명의 바람들이 좌우의 두 맥도 속으로 모여들고, 이 두 맥도 속에 모여진 생명의 바람들이 다시 중앙의 맥도 속으로 들어가 소멸한다.
③ 만약 몸의 어느 부분에라도 의식의 의지처가 되는 여타의 생명의 바람들이 소금이라도 남아 있으면 죽음이 일어나지 않는다."

이 내용을 반대로 이해하면 인간의 탄생이 되는 것입니다. 즉, 생명의 바람이 중앙의 맥도로 들어온 후에 좌우의 맥도와 72000개의 맥도를 향해 차례로 퍼지면서 생명이 시작되는 것입니다. 그렇다면 편지에서도 언급된 '생명의 바람'이란 과연 무엇일까요?

밀교에서는 우리가 죽은 이후 중음에서 떠도는 영혼을 '극도로 미세한 풍심(風心)'이라고 표현합니다. 즉 눈으로 보이지 않고 바람과 같은 극도로 미세한 마음이라는 의미로 망자의 의식을 이처럼 비유적으로 표현한 것입니다.

---

13) 더욱 자세한 내용을 알고자 하시는 분들께서는 <중암스님 역저, 《밀교의 성불원리》, 정우서적, 2009.>의 내용을 참고하시길 바랍니다.

제2장
12

첫 번째 청정한 빛이 나타나는 기간은 망자인 그대의 날숨이 끊어진 뒤 내(內)호흡이라 부르는 숨이 중맥 안에 남아 있을 때까지입니다. 그대가 이것을 확실하게 인식할 수 있도록 당신의 몸에서 누런 액체가 흘러나올 때까지, 첫 번째 청정한 빛을 일깨워 주는 이 경전의 가르침을 반복해서 정성껏 독송해 드리겠습니다.

첫 번째 청정한 빛의 출현 시기는 날숨이 끊어지고 내호흡이 남아 있는 기간입니다.

'날숨이 끊어진 뒤 내(內)호흡이 남아 있을 때'란 무엇을 의미할까요? 날숨은 다른 말로 외(外)호흡이라고 하며, 내호흡은 중맥 안에 남아 있는 의식의 의지처가 되는 지명풍(持命風)[14]을 뜻합니다. 날숨의 단절과 더불어 심장이 멎는 것 등을 죽음의 판정기준으로 삼는 현대의학과는 달리, 불교에서는 망자의 의식이 육체를 떠나기 전까지 약 3일 반 동안 아직 몸속에서는 숨이 끊어지지 않았다고 봅니다.

이 때 의식은 아직 완전히 육신을 떠나지 않고 높은 깨달음의 경지를 얻은 수행자를 제외하고는 대부분의 일반사람들은 무의식의 상태에 있습니다. 실제로 아주 드문 경우이기는 하지만 '의학적인 사망 선고'가 내려진 후 장례준비를 하다가 그 사람이 숨이 멎고서 하루 이틀 정도가 지나 다시 살아나는 경우를 보고 들을 수 있습니다. 우리나라의 장례절차에서 숨이 멎고서도 3일 후에 발인을 하는 것 역시 이와 관련이 있다고 볼 수 있습니다.

아직 숨이 몸 안에 남아 있는(내호흡) 약 3일 반 정도의 기간 동안 망자는 무의식 상태에서 두 차례에 걸친 청정한 빛을 보게 됩니다. 여기서 중요한 것은 이 3일 반이라는 기간은 일반적인 경우를 말한 것이지 사람마다 모두 동일하지 않다는 것입니다. 극악(極惡)의 죄를 지은 사람은 숨이 멎자마자 중음을 거치지 않고 바로 지옥으로 떨어지며, 반대로 이생에서 깨달음을 얻은 이 역시도 이러한 중음을 거치지 않고 해탈로 바로 이어집니다. 또한 수행력이 높은 이는 상당기간 동안 이 기간을 늘일 수 있습니다.[15]

---

14) 한자의 풀이 그대로 목숨을 지탱하는 숨(바람)을 의미합니다.
15) 초대 달라이 라마로 알려진 겐뒵둡빠(1391~1474)는 84세가 되던 해의 12월 8일 새벽 여명의 무렵에, 금강가부좌를 하고 손으로는 선정인을 맺고서 청정한 빛 속에서 그 달 22일까지 머물렀다고 티베트의 기록은 성자의 성스러운 열반을 서술하고 있습니다.

제2장. 첫 번째 중음 : 임종중음 - 사후 3~4일

제2장 13

첫 번째 청정한 빛이 나타나는 것은
그대의 몸을 구성하는 지수화풍의
사대(四大)가 소멸되고 오염된 의식이
업의 힘에 의해서 일시적으로
청정한 의식으로 바뀐 이후입니다.
다음의 과정들을 명심하시길 바랍니다.
사대 가운데 가장 먼저 흙 원소가
물 원소로 소멸합니다.
우선 외적인 징조로는 몸이 갈수록
무거워지는 느낌이 나타나며,
동시에 몸의 힘과 탄력이 줄어듭니다.
다음의 내적인 징조로는 마음이 무겁고
맥이 풀리는 느낌이 나타납니다.
마지막의 은밀한 징조로는
신기루나 꿈같은 현상을 보게 됩니다.
이때 그대는 그대가 보는
모든 사물과 현상이
마음에서 비롯된 것임을
사유하십시오.

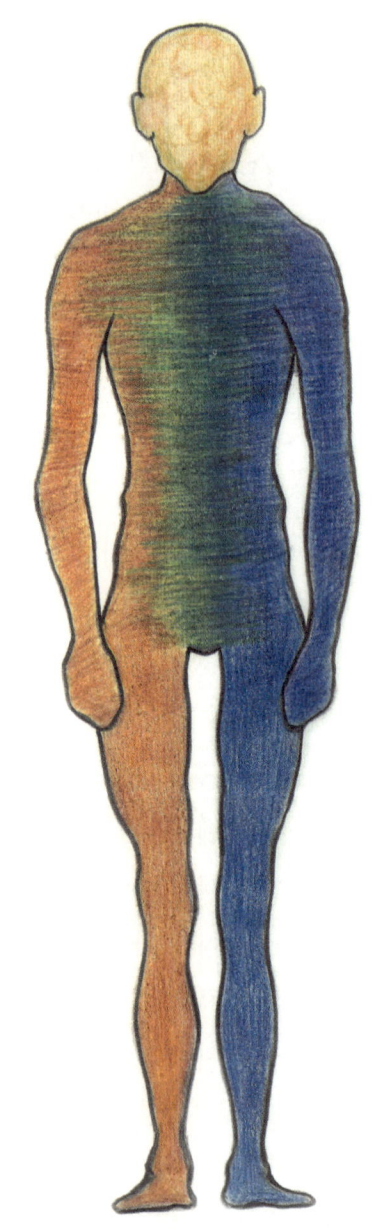

임종중음에서는 사대의 소멸이 이루어지는데, 흙 원소의 소멸이 가장 먼저 시작됩니다.

이번 13번째 편지부터 20번째 편지까지 죽음의 과정을 차례대로 살펴보기로 하겠습니다. 티베트의 경전 가운데는 죽음의 과정을 살피는 것만으로 해탈에 이르는 방법도 있습니다. 이 과정이 타인(망자)의 이야기가 아니라 자신의 일임을 명심해야 합니다. 총 8편(제13~제20)에 걸친 편지에서 설해질 죽음의 과정을 족첸 폰롭 린포체는 다음과 같이 설명하였습니다.

"죽음에 이르면 우리는 거친 차원과 미묘한 차원, 두 단계의 소멸과정을 겪게 되는데, 거친 소멸과정에서는 네 가지 원소(흙, 불, 물, 바람 원소)가 소멸되고[16], 미묘한 소멸과정에서는 마음이 허공원소로 소멸되고, 허공 원소는 청정한 빛으로 소멸된다. 이때 모든 번뇌의 분별들이 온전히 사라지므로 이 청정한 빛과 연결되면 심오한 깨달음을 얻는다."

참고로 이처럼 사대가 흩어질 때에 악도에 태어날 사람은 극한의 고통을 받으나 인도에 날 사람은 별로 고통이 없고, 천도나 극락에 날 사람은 고통이 없을 뿐만 아니라 도리어 환희로운 감각이 있다고 합니다.

---

16) 사람의 몸을 이루는 것 중에 단단한 것은 지대(地大)에 속하고, 흐르는 것은 수대(水大)에 속하고, 더운 것은 화대(火大)에 속하고, 움직이는 것은 풍대(風大)에 속합니다. 이 네 가지를 사대(四大)라 하니, 사람이 죽을 때에는 이 사대가 제각기 흩어지는 것입니다.

제2장
14

이제 두 번째로 물 원소가
불 원소로 소멸하는 과정입니다.
우선 외적인 징조로는 처음에는
물에 잠기는 듯한 느낌이 나타나고,
이어서 침과 땀 및 소변과 피 등이
전부 말라버리는 등
몸이 건조해지기 시작합니다.
다음의 내적인 징조로는
마음이 점점 더 흐릿해집니다.
이와 동시에 마음이 분주히 동요하게
될 수도 있습니다.
마지막의 은밀한 징조로는
푸른 연기가 솟아남과 같은 현상이
의식 위에 일어납니다.
이때 그대는 앞에 보이는 물이
모두 그대 마음의 산물이고,
어떠한 독립적인 사물도 없음을
사유하십시오.

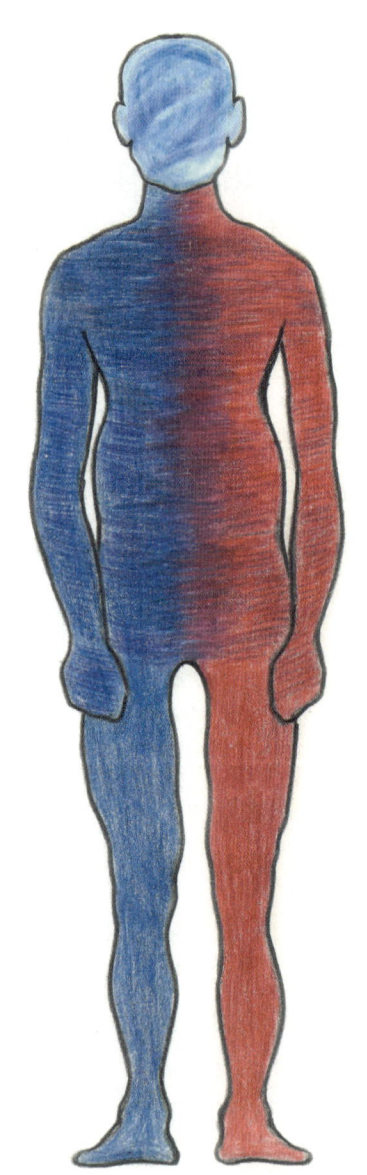

42 죽음에 부치는 편지

흙 원소의 소멸 이후에 물 원소가 소멸됩니다.

불교에서는 육도 윤회 가운데, 축생과 아귀, 그리고 지옥을 삼악도(三惡道)라고 하여 절대로 가서는 안 될 곳으로 강조하고 있습니다. 그렇다면 이러한 삼악도로 끌려가는 징조들에는 어떠한 것이 있는지 살펴보겠습니다.

• 축생계로 끌려가는 5가지 징조
① 사랑하는 이에 대해 집착하여 뚫어지게 쳐다보면서 놓아주지 않는다.
② 손가락과 발가락을 구부린다.
③ 온몸에 땀이 흐른다.
④ 거칠고 껄끄러운 목소리를 낸다.
⑤ 입속에서 침이 나온다.

• 아귀계로 끌려가는 8가지 징조
① 입술을 자주 핥는다.
② 몸이 불처럼 뜨겁다.
③ 항상 배가 고프고 목이 말라 걸핏하면 먹을 것을 찾는다.
④ 눈을 뜬 채 감지 않는다.
⑤ 두 눈이 메말라 있어 마치 독수리 눈이나 공작 눈과 같다.
⑥ 오줌을 누지 않으며 똥을 싼다.
⑦ 오른쪽 무릎이 먼저 차가워진다.
⑧ 오른손을 항상 주먹 쥐고 있는데, 이는 바로 인색한 마음의 표시이다.

제2장 15

이제 세 번째로 불 원소가
바람 원소로 소멸하는 과정입니다.
우선 외적인 징조로는
몸의 열이 떨어지게 됩니다.
몸의 열기는 호흡을 통해 빠져나가서
숨이 점점 차가워지고,
피부의 구멍으로 빠져나가는
수증기를 통해서도 빼앗깁니다.
다음의 내적인 징조로는
마음의 명료성이 불안정해져서
명료하다가 흐려지기를 반복합니다.
즉 외부의 현상을 또렷이 인지하지
못하게 됩니다.
마지막의 은밀한 징조로는
반딧불이 반짝임과 같은 현상이
의식 위에 일어납니다.
이때 그대는 그대가 겪고 있는
내적 혹은 외적인 모든 경험들이
마음의 산물이고 마음을 떠나서
단독으로 존재할 수 없음을
사유하십시오.

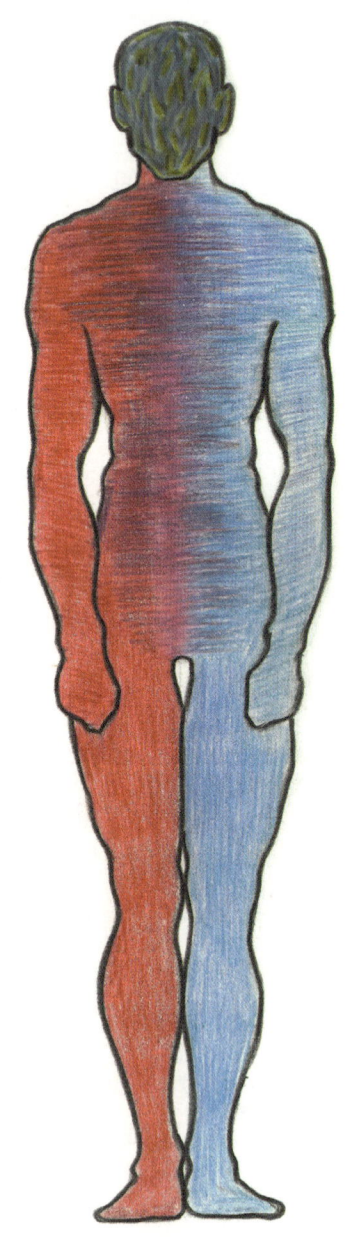

물 원소의 소멸 이후에 불 원소가 소멸됩니다.

삼악도 중에서도 가장 끔찍한 곳이 바로 지옥입니다. 이 지옥에 끌려가는 징조를 살펴보겠습니다.

- **지옥으로 끌려가는 13가지 징조**
  ① 험악한 눈으로 배우자나 남녀 친척들을 쳐다본다.
  ② 두 손을 뻗어 허공을 향해 무엇인가를 잡으려는 듯 더듬는다.
  ③ 선지식이 가르쳐주어도 따르지 않는다.
  ④ 슬피 울부짖고, 소리 내어 울고, 목이 쉬도록 울고, 눈물을 흘린다.
  ⑤ 똥이나 오줌을 싸면서도 스스로 알지 못하고 느끼지도 못한다.
  ⑥ 눈을 감고는 뜨지 않는다.
  ⑦ 항상 얼굴을 가린다.
  ⑧ 옆으로 누워서 마시거나 먹는다.
  ⑨ 몸과 입에서 더러운 냄새가 난다.
  ⑩ 다리와 무릎을 떤다.
  ⑪ 콧대가 옆으로 기울어져 있다.
  ⑫ 두 눈이 붉어진다.
  ⑬ 엎드려 눕거나 몸을 웅크린 채 왼쪽 어깨를 바닥에 대고 눕는다.

제2장
16

이제 네 번째로 바람 원소가
의식 원소로 소멸하는 과정입니다.
우선 외적인 징조로는
호흡이 현저하게 짧아지고
점차 힘들어지다가
이내 호흡이 멈추게 됩니다.
다음의 내적인 징조로는
마음이 극도로 혼란되고 불안정해집니다.
그리고 마음이 점점 흐려지면서
환각을 경험하기 시작합니다.
마지막으로 은밀한 징조로는
촛불이 타오름과 같은 현상이
의식 위에 일어납니다.
이때 그대는 앞과 마찬가지로
모든 빛과 소리 및 색들이
그대의 마음에서 온다는 사실을
사유하십시오.

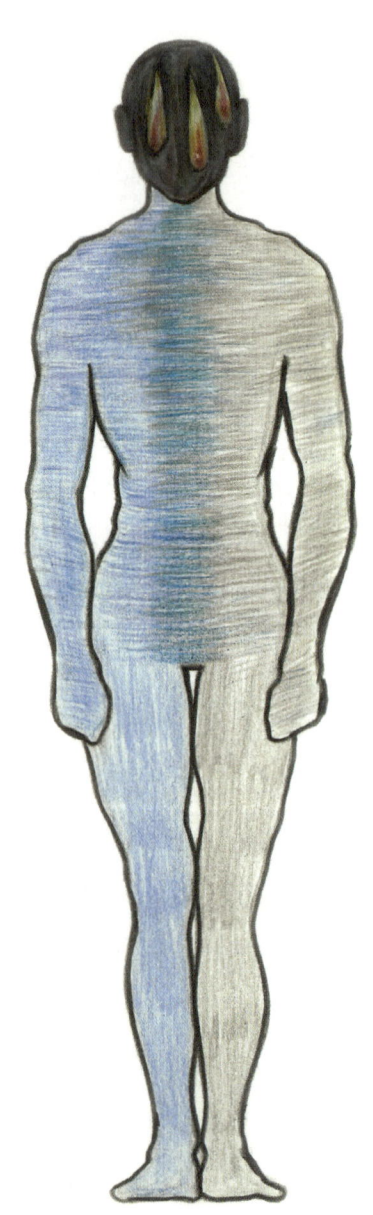

불 원소의 소멸 이후에 바람 원소가 소멸됩니다.

이제 사대의 소멸을 마무리하면서 염불을 통해 망자를 고통에서 벗어나도록 도와주는 법을 다룬 《염불구도중음법(念佛救度中陰法)》에 소개된 내용을 통해 이 부분(사대의 소멸)을 총괄적으로 정리하고 다음 마음의 소멸로 넘어가도록 하겠습니다.

"지대가 수대로 소멸할 때에는 전신에 무거운 압력을 느끼며 내장과 뼈마디에까지 미치어 숨이 막혀 답답하고 무거운 고통은 말할 수 없나니, 이때에 수족이 끌어당기고 근육이 떨린다.

수대가 화대로 소멸할 때에는 전신이 한랭하고 냉기가 골수에 들어가 내장이 떨리며 간장이 얼음 같이 차서 화롯불로도 차가운 고통을 제하기 어려운 것인데, 이때에는 얼굴빛이 잿빛과 같고 숨이 차고 몸이 떨리게 된다.

화대가 풍대로 소멸할 때에는 생기가 감퇴하여 저항력이 약하고 바람을 부치면 불이 성하는 모양 같아서 내장과 외지가 달이고 찌는 것 같고, 살과 힘줄을 베고 쪼개는 것 같은데, 이때는 얼굴빛이 붉고 기력이 혼미하다.

풍대가 따로 떨어질 때에는 문득 강한 바람이 온 몸을 불어 찢어 부스러뜨리는 것과 같은 감각을 느끼며, 그 고통의 극심함은 형용할 수 없는데 이때에 사대가 흩어지며 육근이 망가지고, 오직 그 신식(마음)만이 생전에 지은 업의 경중을 따라서 과보를 받아 간다."

제2장
17

사대의 소멸 이후
이제 망자인 그대의 오염된 마음이
소멸하게 됩니다.
오염된 마음은 성내는 마음과
탐내는 마음, 그리고 어리석은 마음의
세 가지로 구성되어 있습니다.
마음의 첫 번째 소멸과정은
성내는 마음이 사라지는 과정입니다.
이는 그대 정수리에 있는
자비를 상징하는 하얀 보리심이
심장으로 하강할 때 생기는 과정이며,
이때 마치 가을밤에
하얀 달빛이 비치는 것과 같은[白光]
현상이 그대 의식 위에
일어납니다.

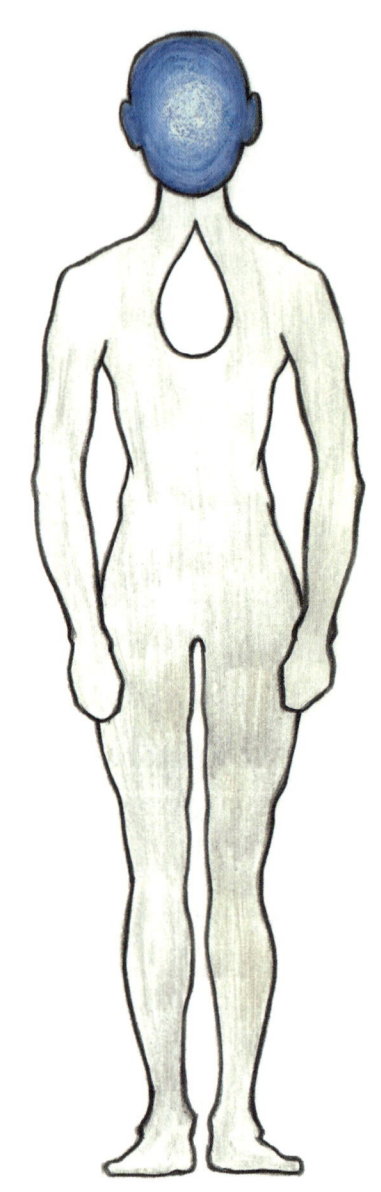

48 죽음에 부치는 편지

> **이러한 사대의 소멸 이후에
> 오염된 마음의 소멸이 시작되는데,
> 가장 먼저 성내는 마음이 소멸됩니다.**

본래 청정한 우리의 마음을 오염시키는 가장 큰 원인인 삼독심은 바로 탐심(貪心)과 진심(嗔心), 그리고 치심(癡心)입니다. 이를 흔히 탐진치 삼독이라고 합니다. 우리 중생은 본능적으로 자신에게 이로운 것을 취하려는 습성이 있습니다. 이를 이기본위(利己本位)라고 합니다. 이처럼 자신의 욕망대로 탐하는 것을 탐심이라고 하고, 이러한 욕구충족을 방해하는 대상에 대해서 분노하고 화를 내는 것이 진심입니다.

그리고 마지막인 치심, 즉 어리석음이 청정한 마음의 가장 근본적인 오염원으로써 탐심과 진심도 이 어리석음에서 비롯된다고 할 수 있습니다. 어리석음은 다양한 측면에서 정의할 수 있겠지만, 불교에서 말하는 어리석음이란 불교의 진리인 사성제(四聖諦)[17]와 인과(因果) 및 무아(無我)의 이치를 모르는 것입니다. 이 사성제에 대한 부분은 무척 중요하므로 다음에 이어지는 18번째 편지에서 추가적으로 살펴보도록 하겠습니다.

마지막으로 편지글에 언급된 하얀 보리심과 함께 다음 편지에서는 붉은 보리심이란 용어가 나오는데, 전자는 남성에, 후자는 여성에 해당하는 남녀(부모님)의 물질적인 정액과 경혈(經穴)을 의미하는 것입니다.

---

[17] 고제(苦諦) - 고제는 불완전하고 더러움과 고통으로 가득 차 있는 현실을 바르게 보는 것입니다.
  집제(集諦) - 집이란 집기(集起), 즉 사물이 모여 일어나기 위한 원인이므로 고의 원인이라는 의미입니다.
  멸제(滅諦) - 멸제는 깨달음의 목표, 곧 이상향인 열반(涅槃)의 세계를 가리킵니다.
  도제(道諦) - 도는 이상향인 열반에 도달하는 원인으로서의 수행방법이며, 구체적으로 팔정도(八正道)라고 불리는 여덟 가지 수행법을 제시하고 있습니다.

제2장
18

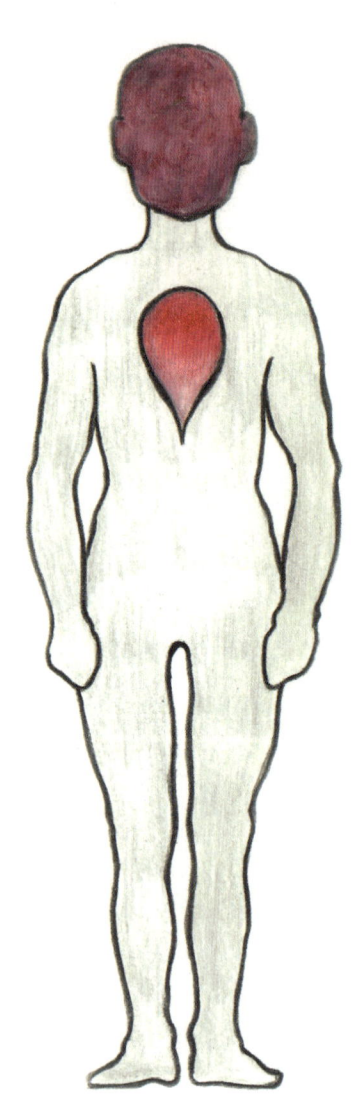

오염된 마음의 두 번째 소멸과정은
탐내는 마음이 사라지는 과정입니다.
이는 그대 배꼽에 있는
지혜를 상징하는 붉은 보리심이
심장으로 상승할 때 생기는 과정이며,
이때 마치 가을하늘에
붉은 햇빛이 비치는 것과 같은[赤光]
현상이 그대 의식 위에
일어납니다.

성내는 마음의
소멸 이후에
탐내는 마음이 소멸됩니다.

흔히 사성제는 병을 치유하는 과정[18]으로 비유하곤 합니다. 환자에게 있어서 '병에 걸린 상태'보다 '병에서 회복된 상태'가 중요하듯이, 불교에서도 사성제를 통해 진정으로 말하고자 하는 것은 결코 '괴로움' 그 자체가 아닙니다. 이를 부연하기 위하여 달라이 라마께서 《삶의 네 가지 진리, 사성제》라는 저서에서 밝힌 아래의 말씀을 소개합니다.

"불교에서 우리가 고통스런 상태에 있다는 것을 인정하라고 강조하는 이유를 알아야 합니다. 그것을 모르면 불교를 오해하고 불교가 병적이거나 비관주의라거나 고통에 대한 강박관념을 갖고 있다고 생각할 위험이 있습니다. 고통의 본질을 통찰하라고 부처님께서 그렇게 강조하신 까닭은, 고통에서 벗어날 탈출구가 있기 때문입니다. 그렇기 때문에 고통의 본질을 깨닫는 것이 중요합니다. 고통의 본질을 깊이 통찰할수록 고통에서 벗어나려는 열망도 강해집니다. 불교에서는 고통에서 완전히 벗어날 수 있다는 관점에서 고통의 본질을 강조하는 것입니다. 해탈이라는 개념이 없다면, 고통에 대해서 숙고하며 아무리 오랜 세월을 보낸들 무슨 의미가 있겠습니까?"

우리가 종종 불교는 괴로움만을 말하는 것으로 잘못 이해하는 경우가 있습니다. 하지만 불교의 핵심은 '괴로움 그 자체'가 아니라 '괴로움의 소멸'이라는 점을 명심해야 합니다. 그리고 중생에게 있어서 괴로움의 종착지라고 할 수 있는 죽음에 있어서도 불교에서는 지금 다루고 있는 《티베트 사자의 서》와 같은 경전을 통해 자비롭게 그 해결책을 제시해 주고 있습니다.

---

18) 고제 - 병에 걸린 상태 / 집제 - 병에 걸린 원인 / 멸제 - 병이 회복된 상태 / 도제 - 병을 낫게 하는 방법

제2장 19

오염된 마음의 세 번째 소멸과정은
어리석은 마음이 사라지는 과정입니다.
앞서 정수리에서 심장으로 내려온
하얀 보리심과
배꼽에서 심장으로 올라온 붉은 보리심이
심장에 있는 생명의 거점에서 만날 때
생기는 과정입니다.
이는 곧 자비와 지혜의 만남을 의미합니다.
이때 마치 가을하늘에
짙은 어둠이 내리는 것과 같은[黑光] 현상이
그대 의식 위에 일어납니다.
그리고 뒤이어 '의식이 없는 상태'에
빠지게 됩니다.

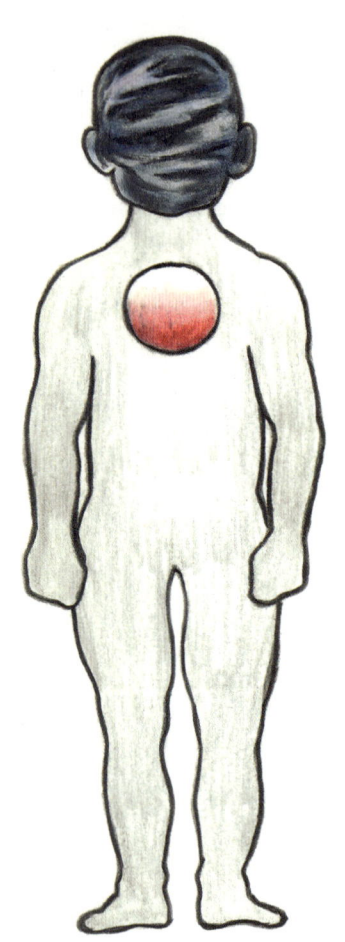

탐내는 마음의
소멸 이후에
어리석은 마음이 소멸됩니다.

앞서 살핀 물질적인 요소인 사대의 과정과 비교해 볼 때 마음의 소멸과정은 무척 복잡합니다. 이는 역설적으로 '나'라고 하는 것이 육체보다는 마음이 중심이라는 것을 말하고 있습니다. 다음 20번째 편지에서 다룰 내용이지만 탐진치의 삼독에 제거된 후에는 본래의 청정한 마음이 드러납니다.

이상의 내용을 간략하게 정리하면 다음과 같습니다.

① 청정한 마음(가장 마지막에 출현)은 모든 오염(80가지)을 떠난 것이다.
② 80가지의 오염된 마음은 'A. 33가지의 성내는 마음'과 'B. 40가지의 탐내는 마음' 그리고 'C. 7가지의 어리석은 마음'으로 구성되어 있다.
③ 결국 5부류의 마음을 볼 수 있으며 아래로 갈수록 칭칭해진다.
   1단계. 사대의 소멸 이후 80가지의 오염된 마음만이 남음.
   2단계. 80가지의 오염된 마음에서 33가지의 성내는 마음이 소멸함.
   3단계. 이어서 40가지 탐내는 마음이 소멸함.
   4단계. 이어서 7가지의 어리석은 마음이 소멸함.
   5단계. 모든 번뇌가 떠난 뒤에 청정한 마음만이 남음
④ 이 청정한 마음만이 남을 때 비로소 '진정한 죽음'이라고 말한다.

그리고 곧 살펴보겠지만, 이 청정한 마음에서 비롯된 참된 법의 성품이 바로 망자가 임종중음에서 마주하는 첫 번째 청정한 빛과 같은 것입니다.

제2장
20

오염된 마음의 마지막 소멸과정은
앞서 잠시 혼절 상태에 빠진 뒤에
다시 깨어나면서 비로소 탐진치의
모든 번뇌가 사라지고,
청정한 마음만이 남게 되는 과정입니다.
이는 하얀 보리심과 붉은 보리심이
심장에서 하나가 되는 것으로,
즉 자비와 지혜가 하나가 되는 것입니다.
이때 마치 여명의 하늘빛과 같은
현상이 그대의 마음에 일어납니다.
이 빛이 바로 임종중음에서
망자인 그대에게 나타나는
첫 번째 청정한 빛입니다.

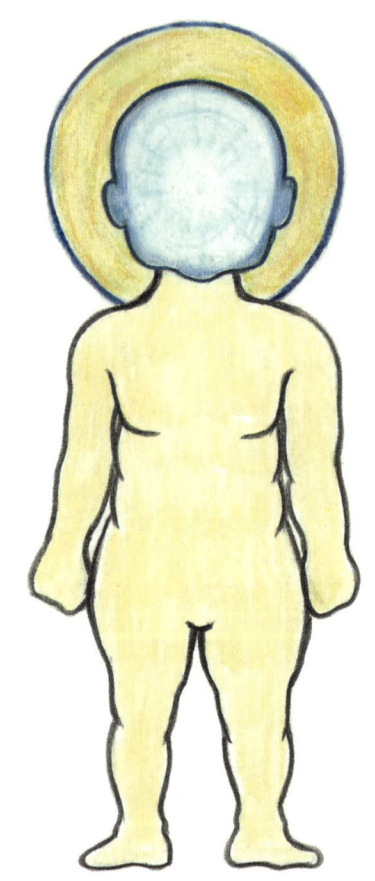

탐진치로 오염된 마음이 소멸한 이후에 청정한 빛이 망자에게 나타납니다.

대략 3일 반에 걸친 임종중음 기간에 망자에게 나타나는 첫 번째 청정한 빛을 '인위(因位)의 정광명(淨光明)'이라고도 부릅니다. 조금 어려운 용어이지만 한자 그대로 풀이한다면 쉽게 이해할 수 있습니다.

즉 한자의 의미 그대로 결과(果)의 차원이 아니라 원인(因)의 차원이니, 본래의 위치(位)에서부터(이미 태어날 때부터) 가지고 있는 청정한 빛이라는 의미입니다. 다시 말해서, 이 청정한 빛은 존재하는 모든 것들의 근본 실체를 이루고 있는 원인이라는 뜻입니다. 그리고 불교에서 말하는 최고의 지혜인 '아뇩다라삼먁삼보리'가 바로 이 첫 번째 청정한 빛입니다.

이 청정한 빛이 실상중음에서는 여러 불보살님의 모습[19]과 함께 여러 색상의 빛들로 변화하여 망자에게 나타납니다. 하지만 임종중음에서 청정한 빛을 깨달으면 망자는 실상중음에 갈 필요 없이 즉각 해탈을 얻습니다.

이상으로 죽음의 과정 속에서 첫 번째 청정한 빛이 출현하는 연유를 알 수가 있었습니다.

이와 관련하여 툴쿠 퇸둡 린포체는 다음과 같이 설하였습니다.

"청정한 빛은 마음의 바탕이고 궁극의 적정과 지혜다. 죽을 때 청정한 빛이 그대로의 모습으로 나타날 때 우리는 청정한 빛을 알아볼 수 있도록 준비해야 한다. 우리가 그 상태를 계속 유지할 수 없더라도 단지 청정한 빛에 대한 기억만으로도 많은 고통과 혼란이 줄어들 것이다."

---

19) 대표적으로 비로자나 부처님을 시작으로 하여, 금강살타 부처님과 보생 부처님, 그리고 아미타 부처님과 불공성취 부처님의 모습으로 나타나게 됩니다. 그리고 다섯 부처님의 본질 역시 우리가 가지고 있는 청정한 마음(청정한 빛)과 결코 둘이 아님을 명심해야 합니다

제2장 21

망자인 그대의 지수화풍과 오염된 마음의 소멸 과정이 완결되면 다음으로 보리심을 일으켜야 합니다. 다음과 같이 발심토록 하십시오.
"아! 나에게 죽음의 시간이 찾아왔다. 이제 이 죽음에 의지해서 보리심을 일으키리라. 허공계에 가득한 모든 유정들의 행복을 위해서 반드시 성불하리라!"
지금이야말로 그대가 모든 중생을 위하여 존재의 근원에서 나오는 청정한 빛을 깨달을 수 있는 더없이 중요한 기회입니다. 이것을 잊지 마십시오.

이후 망자는 중생을 위하여 보리심을 일으켜야 합니다.

보리심(菩提心)이란, 보살의 마음으로써 이러한 보살의 마음을 대표적으로 표현한 것이 '상구보리하화중생(上求菩提下化衆生 – 위로는 깨달음을 구하고 아래로는 중생을 구제한다.)'입니다. 망자에게 보리심을 권하는 것은 망자가 중음에 있을 때 이처럼 지혜롭고 자비로운 마음을 내는 것이 해탈에 큰 도움이 되기 때문입니다. 이러한 보리심에 대하여 중국 근세 정토불교의 스승인 인광스님께서는 다음과 같이 간절히 강조하였습니다.

"이 세상에서 자신의 행복만을 목표로 살아가는 사람들은 무능한 사람들이고 평범한 사람들이다. 쥐나 모기와 같은 중생도 이 세상에서의 행복 외에는 아무 것도 생각하지 않고 그것만을 얻기 위해서 행동한다. 그러니 그들은 평범한 중생이다. 그들의 행동은 이 세상에서의 행복을 찾는 것 외에는 특별한 것이 전혀 없다. …(중략)…

우리가 수행을 할 조건들을 모두 갖추고 있는 동안에 대승불교의 정수인 보리심을 기르지 않고, 궁극적인 선한 마음을 계발하지 않고, 중생을 인도할 능력을 계발하지 않고, 중생을 완전하게 돕기 위해 필요한 깨달음을 얻지 않고, 오히려 항상 이기적인 생각을 갖고 살고, 우리 자신의 행복만을 생각한다면 그것이 얼마나 잔인하고 해로운 일이겠는가! 이것이 얼마나 이기적이고 끔찍한 일이겠는가!

진실로 우리는 모든 중생을 깨달음의 상태로 인도할 책임을 전적으로 지고 있다."

제2장 22

지금 망자인 그대는 모든 상대성이 사라진 절대의 세계, 즉 '공(空)'의 상태에 머물러 있음을 깨달아야 합니다. 그리고 다음과 같이 다짐하십시오.
"비록 내가 공의 이치를 깨닫지는 못했지만, 이 사후세계만은 정확하게 자각하리라. 그리고 이 사후세계에서 존재의 근원과 하나가 되어 어떤 모습으로든지 중생에게 이익이 될 모습으로 나타나리라. 중생이 다하지 않으면, 나의 염원도 다하지 않으리라."
이 다짐을 명심하십시오.

또한 망자는
현재 공성의 상태에
머물러 있음을 깨달아야 합니다.

앞서 살핀 보리심과 이번 편지에서 다룬 '공(空)'은 함께 이해해야 합니다. 이기적인 마음에서는 절대로 텅 빈 공한 마음이 생길 수 없기 때문입니다. 이러한 공에 대하여 집중적으로 탐구한 중관학(中觀學)에서는 공을 연기와 무자성, 가명과 함께 다음과 같이 설하고 있습니다.

"모든 사물은 상호 의존의 연기 관계에 있으므로[緣起], 고정 불변의 자성을 갖지 못하며[無自性], 그처럼 일체의 사물이 고정 불변의 자성을 갖지 못하는 것이 공(空)이다. 이 때 일체의 사물은 다만 인연에 의해서 임시로 시설된 명칭에 지나지 않는 것으로 간주된다[假名]."

위에서 언급된 연기와 무자성, 그리고 가명은 모두 공의 다른 이름에 지나지 않습니다. 이처럼 공의 성품, 즉 공성을 깨닫는다면 생전에는 물론이고 사후 중음계에서 망자의 상태일지라도 해탈을 성취하게 됩니다. 그리고 이러한 공성에 대한 바른 이해와 체득은 곧 무아(無我)와도 직결되는 것입니다. 다시 말해서 '존재(법)는 모두 공함'이라는 진리의 법칙 속에서 '존재'라는 항목에 '나'를 대입한다면 그 결과는 '무아'일 수밖에 없기 때문입니다.

제2장
23

또한 그대가 생전에 일상 속에서 닦아 익힌 예불과 수행 하나하나도 반드시 잊지 말고 기억해야 합니다. 혹은 생전에 공부한 경전의 글귀나 좋은 법문 등 모든 가르침들을 기억하십시오. 제가 망자인 그대의 귓가에 일러드리는 이 독송을 듣고 생전에 불교와 맺은 인연들을 일깨우시길 바랍니다.

그리고 망자는
생전에 익힌 모든 수행과
가르침을 기억해야 합니다.

생전의 수행이라고 해서 거창한 수행을 말하는 것이 아닙니다. 이와 관련한 일화를 소개하겠습니다.

"한 수행자가 불교를 믿지 않는 어머니에게 부처님의 가르침을 전하려 노력하였지만, 다른 노력들은 모두 실패로 돌아가고 다만 관세음보살님의 진언만을 겨우 외게 하는데 성공했습니다. 하지만 그 수행자의 어머니가 지난 세월부터 지어온 악업이 너무나도 많아서 결국 죽어서 지옥에 떨어졌습니다. 수행을 성취하여 깨달음을 얻은 아들이 이 사실을 알고 어머니를 구하기 위해서 지옥으로 갔습니다. 아들은 어머니를 보고 '옴 마니 반메 훔'를 외치자 생전에 단지 이 진언을 들어보고 외운 공덕으로 이 진언을 듣자마자 어머니와 그 진언 소리를 들은 이가 모두 동시에 지옥에서 벗어났다고 합니다. 진언의 힘이 그만큼 위대하기 때문입니다."

예전 율원시절 여름 수련회의 지도법사로 있을 때, 잊지 못할 일화가 있습니다. 참가자 전원이 의무적으로 참가 동기를 적는데, 그 중에 재일교포인 60대 초반의 어느 보살님께서 적어낸 글은 지금도 잊혀지지 않습니다. 서툰 한글 때문에 맞춤법도 정확하지 않았지만 다음과 같은 내용이었습니다.

"저는 아이들도 모두 결혼시켰고, 이제 남은 생은 다른 일 일체 하지 않고, 오직 부처님 가르침만 공부하다가 죽고 싶습니다."

제2장
24

지금 첫 번째 청정한 빛과 마주한 그대 망자의 마음의 본질은 텅 비어 있으며 완전한 참입니다. 이처럼 공한 성품(공성空性)이 바로 보현불모(普賢佛母)입니다. 또한 이와 같이 텅 빈 그대 마음이 그냥 비어 있는 공허함이 결코 아니며, 막힘없이 빛나고 분명하니, 이것을 깨달아 아는 성품(각성覺性)이 또한 바로 보현여래입니다.

청정한 망자의 마음이 바로 보현 부처님과 같습니다.

이번 편지의 핵심은 '공성의 법계가 곧 보현불모(普賢佛母)이고, 공성의 법계를 깨닫는 각성이 곧 보현여래(普賢如來)임을 체득하는 것'입니다. 여기서 공성과 각성은 편의상 나눈 것이지 결코 둘이 아닙니다. 이 관계를 어머니와 아버지로 나타낸 것입니다.

그리고 그 법신의 아버지와 어머니는 보현여래[20]와 보현불모로 표현되고 있는데, 티베트 불교에서는 보현 부처님을 '본초불(本初佛)'로 보고 있습니다. 본초불은 한자 그대로 모든 부처님의 원형을 뜻합니다. 여기서 보현 부처님 아버지와 어머니, 이 두 분이 만나는 모습은 푸른색의 보현 부처님 아버지가 나신(裸身)의 몸으로 흰색의 보현 부처님 어머니를 포옹하고 있는 모습입니다. 여기서 '포옹'과 '나신'의 의미는 다음과 같습니다.

> ① 아버지와 어머니의 포옹 : 자비와 지혜의 결합을 상징
> ② 나신 : 텅 빈 공성을 상징

즉, 이것은 나신의 부처님 아버지와 나신의 부처님 어머니의 친밀한 결합을 통해서 텅 빈 공성 속에서 자비와 지혜가 완벽한 상태로 합일했음을 상징하는 것입니다. 앞으로 남은 편지들을 통틀어 이처럼 부처님 아버지와 어머니가 함께 포옹한다는 표현은 많이 등장합니다. 그것이 의미하는 바가 이와 같다는 것을 결코 잊지 않아야 합니다.

---

20) 보현 부처님의 '보현'은 산스크리트어로 '사만타 바드라'라고 합니다. 단어를 풀이하면 다음과 같습니다. '사만타'는 '모든, 보편적인, 완전한'의 의미이고, '바드라'는 '선, 덕'이므로, 이 두 의미를 합하여 한자로는 보현(普賢 : 널리 덕행이 뛰어나다)이라고 부릅니다.

제2장
25

이러한 공한 성품과 깨닫는 성품, 이 두 가지가 서로 분리됨이 없는 것이 법신이며, 여기에는 나고 죽음이 있지 않습니다. 이것이 바로 아미타 부처님이며, 망자인 그대는 이것을 깨닫는 것으로 충분합니다. 그대 마음의 본성이 본래 공하고 청정하여 부처님과 같음을 깨달은 뒤, 그러한 부처님의 마음에 머물러야 합니다.

이러한 이치를 깨닫는 참된 마음이 바로 아미타 부처님입니다.

수많은 불보살님 가운데 유독 아미타 부처님은 우리 불자들에게 더욱 친숙합니다. 그 이유를 앞서 소개한 툴쿠 튄둡 린포체께서는 다음과 같이 설하고 있습니다.

"아미타 부처님은 한국, 중국, 일본에서 많은 대중이 믿고 있는 정토불교 신앙의 핵심이다. 티베트에서 서방 극락정토는 기도와 명상을 하면서 가장 많이 떠올리는 대상이며, 특히 망자를 위한 의식에서 중심적인 위치를 차지한다. 여러 경전에서 역사 속의 석가모니 부처님은 우리들에게 서방 극락정토가 환생하기에 가장 쉬운 정토이며, 깨달음으로 나아가는 데 더 없이 기쁘고 강력한 장소라고 단언한다. 이곳에 태어나는 모든 사람은 적어도 한 번의 생애 속에서 완전한 깨달음을 얻을 것이다. 그 이유는 서방 극락정토의 특성과 아미타 부처님의 축복 및 수행자 자신의 공덕 때문이다."

또한 우리가 "우주에 무수한 부처님들이 계시는데, 왜 우리는 아미타 부처님께만 집중하는가?'라는 질문을 던질 때, 명나라 정토불교의 스승인 우익스님께서는 이에 대하여 명료한 답을 주고 있습니다.

"왜 아미타 부처님의 정토에만 초점을 맞추고, 전 우주에 초점을 맞추지 않는가? 세 가지 이유가 있다. 첫째. 초심자가 보리심을 내기 쉽고, 둘째. 아미타 부처님의 근본 서원이 가장 강력하고, 셋째. 아미타 부처님이 우리세계의 중생과 특별한 인연이 있기 때문이다."

제2장 26

첫 번째 청정한 빛에 해당하는 이상의 내용들을 망자인 그대를 위하여 3번 또는 7번을 반복해서 명확하게 읽어드리겠습니다. 그렇게 함으로써 그대는 우선 생전에 스승으로부터 받은 가르침을 상기하게 됩니다. 그리고 그대의 본래 마음이 곧 청정한 빛임을 깨닫게 됩니다. 마지막으로 그대의 참모습을 깨달은 뒤 법신(法身)과 하나가 되어 반드시 해탈하게 됩니다.

첫 번째 청정한 빛을
바르게 인식하면
망자는 즉시 해탈합니다.

망자가 임종중음에서 법신(法身)을, 그리고 (차선책으로) 실상중음에서는 보신(報身)을, (최후에는) 재생중음에서 화신(化身)을 증득하는 것이 《티베트 사자의 서》의 유일한 목적입니다. 이 삼신(三身)에 대하여 살펴보겠습니다.

- **법신** – 영원불변하고 유일한 깨달음을 부처님으로 형상화한 것으로써 비로자나 부처님이 대표적입니다. 우주에 두루편만한 법을 인격화하고 진리의 증득자로서의 이상적인 부처님의 몸을 법신이라 함이니, 이는 수행의 결과로써 실현되는 부처님이 아니고, 본래부터 우리 모두의 마음속에 존재하는 참된 성품(불성佛性 – 부처가 될 성품)[21]입니다.

- **보신** – 보살의 지위에서 여러 이타적인 수행과 서원이 완성되고, 그 결과로써(수행의 과보) 얻어진 완전원만(完全圓滿)한 이상적인 부처님입니다. 수행의 과보로 부처님이 되었기 때문에 보신이라고 부릅니다. 이 보신은 법신과 같은 덕목들을 갖추고 있으면서도 중생의 간절한 서원에 따라 현세와 내생에서 중생을 제도하는 부처님으로 아미타 부처님이 대표적입니다.[22]

- **화신** – 깨달음을 성취한 이가 중생의 몸으로 변화하여 교화를 목적으로 직접 중생의 세계로 오신 부처님을 일컫는 것이며, 석가모니 부처님이 대표적입니다. 이것은 법신이나 보신처럼 삼세시방에 걸쳐 보편적으로 존재하는 것이 아니라, 특정한 시대와 지역에 따라 고통 받는 사람들을 구제하기 위해 출현하는 부처님을 말합니다.

---

21) 이처럼 불성이 있기 때문에 수행을 통해서 부처가 되는 것이 가능한 것입니다. 만약 불성이 없다면(씨앗이 없다면) 그 어떠한 수행을 하더라도 부처가 될 수 없습니다.(열매를 맺을 수 없습니다.)
22) 참고로 밀교에서는 아미타 부처님을 법신으로 보기도 합니다.

제2장
27

하지만 전생의 업력에 의하여 망자인 그대가 첫 번째 청정한 빛을 깨닫지 못하면 이어서 두 번째 청정한 빛이 출현하게 됩니다. 이 시기는 바깥 숨이 끊어진 뒤 밥 한 끼 먹을 정도의 시간이 지나서입니다.

두 번째 청정한 빛이 출현함과 동시에 앞서 중맥에 머물렀던 생명의 바람들이 선악의 업에 의해서 좌우의 두 맥도 가운데 어느 한 곳으로 들어간 뒤, 몸의 아홉 구멍 가운데 어느 하나를 통해서 생명의 바람은 몸 밖으로 빠져나오게 됩니다.

첫 번째 청정한 빛을 깨닫지 못하면 망자에게는 뒤이어 두 번째 청정한 빛이 나타납니다.

앞서 살펴본 첫 번째 청정한 빛에 이어 이제는 두 번째 청정한 빛이 나타납니다. 즉, 약 3일 반이라는 임종중음의 기간 동안 망자에게 청정한 빛이 두 번에 걸쳐 나타나는 것으로써, 쉽게 생각하면 빛을 통해 깨달을 수 있는 기회가 두 번 있다고 생각하시면 됩니다.

이 두 청정한 빛의 차이는 땅에 던지는 고무공에 비유할 수 있습니다. 예컨대 망자가 보는 청정한 빛의 강도는 마치 땅에 던진 고무공 같습니다. 처음에는 높이 튀어 오르지만 두 번째는 더 낮게 튀어 오릅니다. 그 후 공의 높이는 점점 낮아지다가 마지막에는 완전히 멈추게 됩니다. 망자는 강도가 점점 미약해지는 청정한 빛을 볼 것이고, 최종적으로는 어둠이 될 것입니다.

이처럼 처음에 가장 높이 튀어 오르는 공이 곧 첫 번째 청정한 빛이며, 그 다음 높이로 튀어 오르는 공이 역시 두 번째 청정한 빛인 셈입니다. 그리고 공이 튀어 오르는 것을 멈추고 어둠 속으로 사라진다는 것은 임종중음을 지나 실상중음, 그리고 재생중음까지도 완결되었고, 그 기간 안에 이 빛(공)을 깨닫지 못하여 윤회에서 벗어나지 못했음을 의미하는 것입니다.

참고로 편지에서 언급된 아홉 개의 구멍[23]은 망자가 어느 곳에 탄생하는가에 따라 나가는 문이 각각 결정됩니다. 예컨대 지옥에 태어나는 망자는 그 의식이 항문을 통해서 빠져나가게 됩니다.

---

23) 밀교의 논서에서는 다음과 같이 말하고 있습니다. "정수리의 황금의 문이 최상이며, 두 눈과 귀와 코와 배꼽의 다섯 문은 중간이며, 항문과 요도와 입의 세 가지 문은 최하이다."

제2장
28

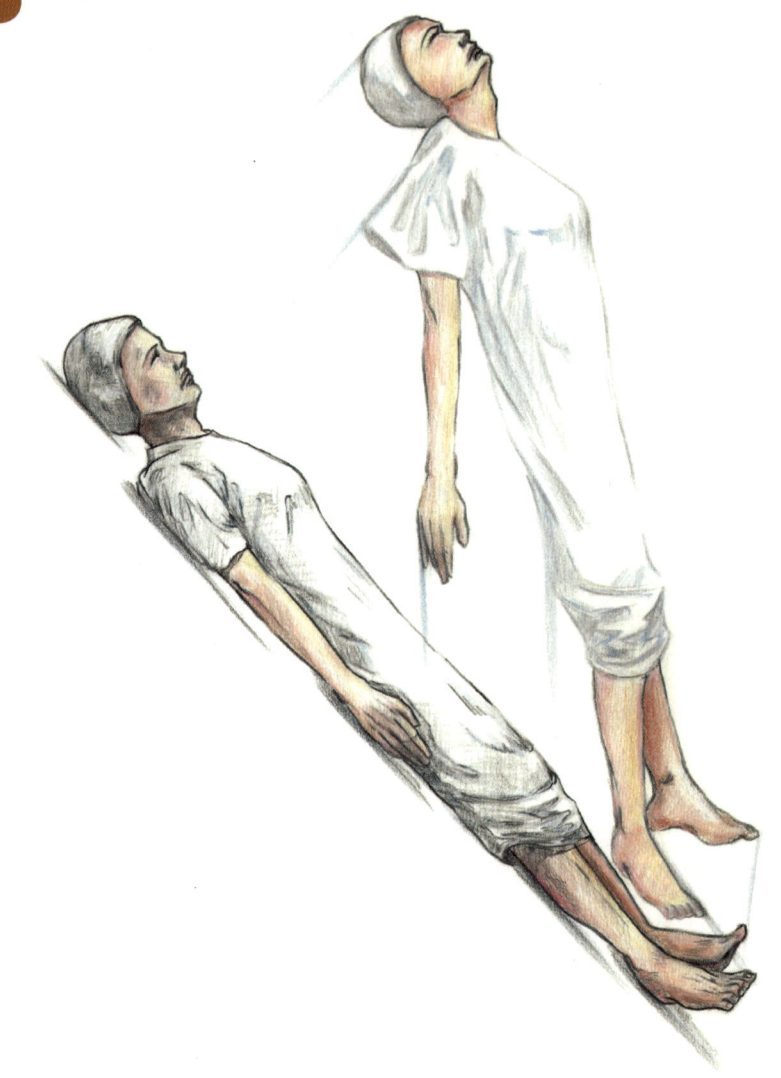

그 때 망자인 그대의 의식이 몸 밖으로 빠져나올지라도 자신이 죽었는지 아닌지를 분명하게 깨닫지 못하는데, 이 상태를 환신(幻身)이라고 합니다. 그리고 그대는 친지들을 보고 그들이 우는 소리를 듣게 됩니다. 무서운 업의 환영들이 아직 나타나지 않고, 염라대왕의 소름끼치는 공포도 찾아오지 않는 그 기간에 제가 들려드리는 이 가르침을 간절히 듣고 기억해야 합니다.

이때 망자의 몸은 환신의 상태입니다.

편지에서 언급된 두 번째 청정한 빛이 나타날 때의 망자의 상태인 환신에 대해서 먼저 살펴보겠습니다. 살아서 색온(色蘊: 몸)을 가진 상태가 아니라 죽은 이후이므로 단지 수(受: 느낌), 상(想: 생각), 행(行: 의지), 식(識: 인식)만으로 만들어진[24] 환화(幻化)와 같은 의식체인 까닭으로 환신(幻身)이라고 합니다.

차차 살펴보겠지만 임종중음을 지나 다음 실상중음과 마지막의 재생중음에 이르면 망자의 몸에도 변화가 생기게 됩니다. 이를 지금 함께 살펴보는 것이 이해에 도움이 될 것 같아서 간략히 표로 정리하였습니다.

죽음의 단계	망자의 상태	의식과 육체의 관계
임종중음의 첫 번째 청정한 빛의 단계	의식은 육체에 있다.	의식은 육체 내에 혼미상태로 있고, 육체는 아직 작용할 수 있다.
임종중음의 두 번째 청정한 빛의 단계	환신(幻身)	의식은 거의 육체를 이탈했고, 육신은 아직 썩지 않았다.
실상중음	의생신(意生身)	의식은 육체를 완전히 이탈하고 육신은 이미 부패하고 있다.
재생중음	의생신(意生身)	의식은 새로운 육체를 찾으려 한다.

---

24) 이처럼 '색수상행식'으로 이루어진 '나'라는 존재를 불교에서는 오온(五蘊)이라고 합니다. '온(蘊)'은 '근원적인 부분'이란 뜻을 지닌 범어 'skandha'의 번역으로, '오온'은 인간을 구성하는 가장 근원적인 다섯 가지 부분이라는 의미입니다.
① 色 - 물질 : '안·이·비·설·신'으로 구성된 나의 몸 / ② 受 - 느낌 : 내/외적으로 생겨나는 느낌
③ 想 - 표상 : 마음에 상을 떠올리는 표상 작용 / ④ 行 - 의지 : 의지가 작동하여 마음을 조작하는 행위
⑤ 識 - 인식 : 알아차리는 인식 작용

제2장
29

만약 망자인 그대가 생전에 수행을 많이 한 사람이라면, 앞서 읽어 드린 첫 번째 청정한 빛을 일깨워주는 가르침을 기억하십시오. 그리고 만일 그대가 생전에 수행을 많이 하지는 않았더라도 생전에 모신 본존이 있다면, 그 본존의 가르침을 명심하고 본존의 거룩한 상호가 마치 물에 비친 달과 같이 텅 비어 있음을 관하십시오.

마지막으로 그대가 특정한 본존을 지니지 않고 있다면 대자대비하신 관세음보살님의 모습을 그리도록 하십시오.

> 망자는 생전의 수행력에 따라
> 각기 다른 방법을 통해 해탈을 기약해야 하며,
> 보편적으로 관세음보살님을 관하는 것이 가장 좋습니다.

우리가 불교를 어렵게 느끼는 이유는, 다음의 세 가지가 곧 전부라고 해도 무방할 것입니다. '① 수많은 불보살님 ② 수많은 경전들 ③ 수많은 수행법들.' 기독교의 경우는 '① 오직 예수와 ② 오직 성경과 ③ 오직 믿음'만 있을 뿐이므로, 그 길이 매우 간단명료합니다. 이에 대한 해결책으로 제가 소개해 드리고 싶은 것이 율원시절 율주스님이셨던 지현스님의 말씀입니다.

"오직 한 분의 불보살님을 모시고, 그 분의 본원경(本願經)을 늘 수지 독송하며, 그 분의 근본서원을 늘 받들어 행한다면 그 수행자가 바로 부처님과 보살님의 후신(後身)이자 화신(化身)인 것입니다."

즉, 예를 들면 다음과 같습니다.

- 부처님 : 아미타부처님 – 믿음(신信)
- 경전 : 정토삼부경 – 이해(해解) ⇨ 증(證 – 왕생)
- 근본서원 : 48대원(칭명염불) – 실천(행行)

불교의 수행체계는 '신해행증'입니다. 즉, 자신이 믿는 부처님과 그 분의 가르침이 담긴 경전 및 그 수행법을 따른다면 반드시 그에 상응하는 깨달음을 얻게 됩니다. 그리고 이 수행은 중음에서도 그대로 이어집니다.

제2장
30

비록 생전에 망자인 그대가 이 가르침을 들었을지라도 그냥 흘려듣거나, 혹은 이 가르침을 오랜 기간 수행하였을지라도 임종 시에 위중한 병으로 착란을 일으켜서 기억을 잃어버린 경우가 있을 수 있으므로 이 가르침을 독송해 드리겠습니다.
또한 그대가 생전에 계율과 서약을 범한 경우 악도에 떨어지게 되므로 이를 방지하기 위하여 이 가르침을 정성껏 듣기 바랍니다.

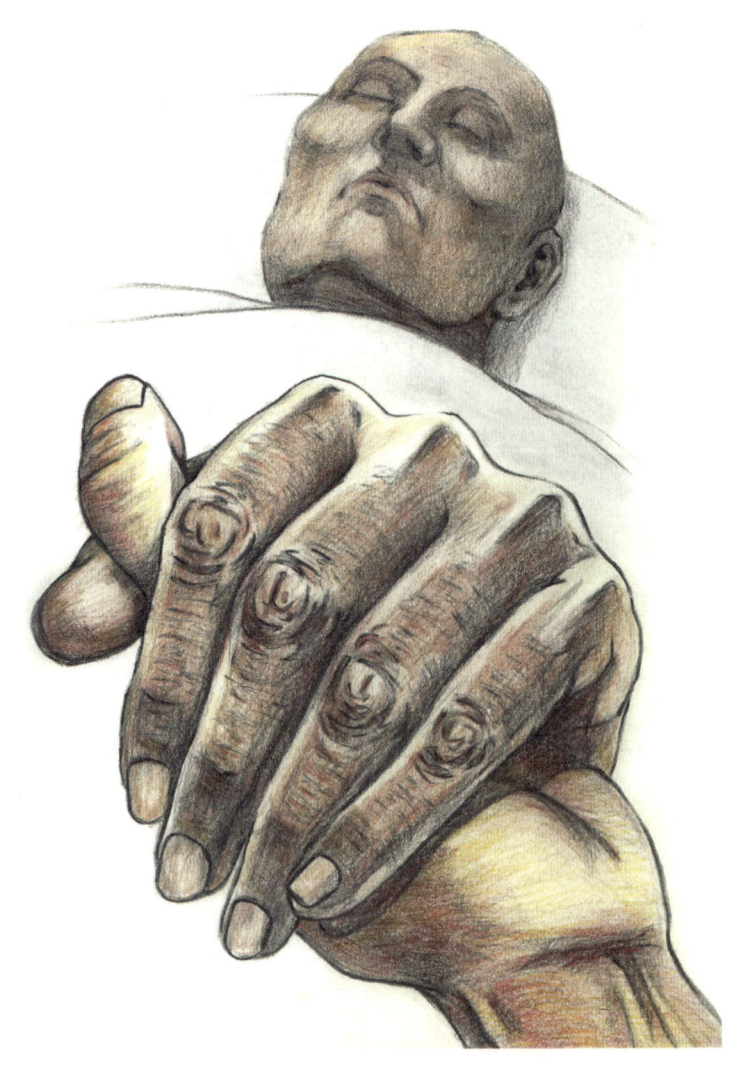

> 생전에 이 가르침을 들은 사람이거나
> 혹 이 가르침을 모르는 사람 모두에게
> 반드시 이 경전의 내용을 독송해 주어야 합니다.

이번 편지의 내용은 크게 세 가지의 경우로 나누어 살필 수 있습니다. 이를 하나하나 함께 생각해 보겠습니다.

- **첫 번째 경우**
  그냥 흘려 듣는 것은 수영을 배우는 것에 비유할 수 있습니다. 수영은 이론만 가지고는 절대 숙달할 수 없습니다. 하물며 흘려 듣는 것으로는 임종의 순간에 망자 스스로의 힘으로 이 가르침을 기억하기가 쉽지 않습니다. 수영장에서 수영을 하듯이 이 가르침을 직접 몸으로 체험을 해야 합니다.

- **두 번째 경우**
  사람이 숨을 거두는 순간 건강한 의식을 갖고 숨을 거두는 경우보다는 병에 걸려 숨을 거두는 경우가 더욱 많습니다. 너군나나 최근 급증하는 치매와 같은 병을 생각하면 더더욱 망자를 위한 지금의 독송이 매우 필요합니다. 임종에 다다른 사람을 직접 보신 분이라면 절감할 것입니다.

- **세 번째 경우**
  설령 계율을 지키지 못하는 경우가 생긴다고 할지라도 이러한 점이 두려워 계를 받지 않은 것보다는 일단 계를 받는 것이 훨씬 이득이 많습니다. 불교 수행의 첫 걸음은 바로 수계(受戒)입니다.[25] 그리고 계를 받으면 계체(戒體)가 생기는데, 중음에서 떠돌 때 이 계체를 바탕으로 계를 내려주신 스승을 떠올리는 것은 큰 도움이 됩니다.

---

25) 대승불교의 핵심 경전인 《화엄경(華嚴經)》에서 말하길, "계는 위없는 깨달음으로 나아가는 근본이다"라고 하였습니다. 따라서 출재가를 막론하고 불문(佛門)에 들어서 불자가 되기 위해 가장 먼저 해야 할 일은 곧 부처님의 계율을 받는 것입니다. 만약 그렇지 않으면 설령 자기 스스로는 "나도 불법을 믿고 배운다"고 말할지라도 삼보에 의해 불자로서 인정받는 것은 아닙니다. 바꾸어 말하면 문외한(門外漢)인 것입니다.

제2장
31

임종중음에서 망자인 그대는 첫 번째 청정한 빛을 깨달아서 해탈하는 것이 가장 좋습니다. 만일 그렇지 못했다면 두 번째 청정한 빛에 반드시 깨달아야 합니다. 이처럼 임종중음에서 이 가르침을 깨닫게 되면, 어머니의 빛과 아들의 빛이 하나가 되어 업의 지배를 받지 않게 됩니다. 어머니의 빛이란 임종중음에서 자연스레 나타나는 청정한 빛을 말하며, 아들의 빛이란 수행의 과정에서 성취하는 깨달음의 빛을 말합니다.

임종중음의 첫 번째와 두 번째 빛을 통해서 반드시 최상의 깨달음인 법신으로 해탈을 성취하는 것이 가장 좋습니다.

어머니의 빛과 아들의 빛이 하나가 된다는 편지의 내용을 보면 지금도 잊을 수 없는 순간이 있습니다. 2003년 여름, 1년에 걸친 행자생활을 마치고 행자교육원에서 사미계 수계를 앞두고 각 지방의 행자들이 함께 모여 3주간의 합동교육을 받는 기간이 있습니다. 하루는 삼보일배를 마친 저녁에 휴식의 시간으로 불교 애니메이션인 오세암(五歲庵)을 보게 되었습니다.

영화 마지막에 이르러 다섯 살 꼬마 소년인 길손이가 암자의 벽에 걸려 있는 낡은 관세음보살님 벽화를 엄마로 여기며 염불을 합니다. 그리고 추운 겨울 예기치 못한 사고로 인해 혼자 암자에 남게 된 길손이는 결국 숨을 거두게 되고 죽음에 이르러 관세음보살님께서 화현하는 모습은 무척 큰 감동으로 지금까지도 생생히 남아 있습니다. 이와 관련한 티베트의 성인 밀라레파의 다음과 같은 말씀은 깊은 울림을 주고 있습니다.

"우리가 아직 살아 있을 때 마음의 본성에 정통해지는 것이 중요하다. 그래야만 죽는 그 순간 마음의 본성이 자발적으로 힘차게 스스로를 드러낼 때를 준비할 수 있다. 그 때 우리는 매우 자연스럽게, '티베트 사자의 서'의 가르침에 따르면 '어린애가 어머니의 품을 향해 달려가는 것'처럼 마음의 본성을 알아보게 되며, 그러한 상태를 유지함으로써 마침내 온갖 속박에서 풀려난다."

제2장
32

두 번째 청정한 빛이 나타나는 이 기간에 그대는 환신의 상태로 그 의식이 생전과 같이 말소리를 알아들을 수 있습니다. 따라서 제가 일러드리는 이 가르침을 있는 그대로 따른다면 반드시 해탈하게 됩니다. 왜냐하면 혼란한 업의 환영들이 아직 나타나지 않았기에 어떠한 곳으로든지 쉽게 인도할 수 있기 때문입니다.

이와 같이 비록 앞서 첫 번째 청정한 빛을 깨닫지 못하였을지라도 두 번째 청정한 빛을 깨달음으로써 그대는 해탈하게 됩니다.

아직 생전에 지은 업의 환영들이 나타나기 전인 임종중음이 해탈하는데 있어 절호의 기회임을 유념해야 합니다.

이상으로 망자가 임종 후 처음으로 맞이하는 중음인 임종중음에 대한 설명을 모두 마쳤습니다. 핵심은 임종중음에서 나타나는 두 번의 청정한 빛을 망자 스스로, 또는 독송자의 가르침을 듣고서 깨닫는 것입니다. 제2장을 마치며 꼭 강조하고 싶은 것은 '들음'에 대해서입니다. 이 경전에서는 '들음'에 대해서 매우 중대한 의미를 부여합니다.

이에 대해 다음과 같은 질문을 할 수 있을 것입니다. "중음에서 망자는 정말로 이승의 인간인 독송자의 지시를 들을 수 있는가?" 이러한 다른 두 세계 사이의 소통에 대해서 대만의 티베트 불교 전문가인 장훙스는 이 경전에 근거하여 다음과 같이 정리하였습니다.

① 중음 세계에서의 망자는 몸을 떠난 상태로써, 신통력이 있어서 물질세계의 모든 정보를 받아들일 수 있다. 그래서 이승에 있는 스승이나 독송자의 가르침을 들을 수 있다.
② 망자가 생전에 맹인이나 귀머거리라도 중음 세계에서 감각기관은 완전하다. 그래서 독송자의 가르침을 또렷하게 들을 수 있다.
③ 지속적인 공포와 위협을 받기 때문에 망자는 오히려 정신을 오롯하게 하여 독송자의 가르침을 집중하여 들을 수 있다.
④ 중음 세계에서 망자는 육신도 없고 그 어떠한 지지물도 없다. 이 때문에 의식의 변화는 직접적이고, 그에 따라 집중력도 직접적이라서 망자를 가르치기가 더 쉽다.
⑤ 망자의 심식은 생전보다 훨씬 더 맑아서 아홉 배 이상이다. 이 순간 망자의 영은 어떤 가르침도 꿰뚫어 닦을 수 있다.

"밀교의 정수를 담고 있는 《티베트 사자의 서》는
일반인들이 가장 금기시하고 도외시하는 죽음을
심도 있게 조명하고 있습니다.
그리고 죽음이 단절과 두려움의 무대가 아니라,
임종중음에서는 법신을 성취하고, 실상중음에서는 보신을 성취하고,
재생중음에서는 화신을 성취하는
절호의 기회와 변혁의 순간임을 일깨워주고 있습니다.
따라서 우리는 죽음에 대한 무지와 잘못된 지식 및 편견을 버리고
이 경전의 메시지에 진실하게 귀를 기울여야 합니다.
그 결과 우리는 죽음이 살아있는 삶만큼이나 따뜻하고 사랑스러우며,
소중한 희망과 무한한 가치가 내재된
삶의 자연스런 현상임을 깨닫게 됩니다."

– 중암 스님

제3장

두 번째 중음
실상중음 – 제1일~제5일

앞서 제2장에서 임종중음에 대하여 살펴보았습니다.
이번 제3장에서는 두 번째 중음인 실상중음을 다루게 됩니다.
앞서 말씀드린 바와 같이 '존재 근원(법성法性)의 실상(實相)과
직면하는 중음'이기에 실상중음이라고 합니다.
이 실상중음이야말로 진정한 사후세계의 시작이라고 할 수 있습니다.
임종중음에서의 청정한 빛이 여기서는 수많은 불보살님들과
분노의 모습을 한 신중들 및 갖가지 현란한 빛들로 변화하여
나타납니다. 또한 동시에 생전의 업에 의한 윤회의 빛도 보게 됩니다.
14일 동안 펼쳐지는 실상중음 가운데 이번 제3장에서는
처음 5일 동안에 망자에게 들려줄 가르침을
총 20편의 그림편지와 함께 읽어보겠습니다.

제3장
33

그대가 임종중음에서 해탈하지 못하면, 이제 실상중음으로 들어가게 됩니다. 실상중음에 이르러 그대가 생전에 밀교의 관정을 받고 닦은 결과에 의해서 적정과 분노의 모습을 한 불보살님들과 신중들이 출현하게 됩니다. 그 때 제가 읽어 드리는 이 가르침을 듣는 것이 매우 중요합니다.

왜냐하면 이 가르침을 통해 이 환영들의 실체를 깨달을 수 있기 때문입니다. 이때 그대는 생전에 머물던 자리가 치워지고 사랑하는 친지들이 그대의 목소리를 들을 수 없다는 사실을 깨닫고는 크게 낙심한 채 떠나게 됩니다.

실상중음에 처한 망자에게
업의 실상을 바르게 알려주기 위하여
이 경전을 독송해야 합니다.

이제 망자는 임종중음에서 찾아왔던 해탈할 수 있는 가장 좋은 두 번의 기회(두 번의 청정한 빛)를 놓치고 실상중음으로 들어가게 됩니다. 이 실상중음의 기본적인 구조를 간략히 정리하면 다음과 같습니다.

해당되는 실상중음의 날짜들	나타나는 존자들
실상중음 제1~제6일 – 숨이 멎은 후 약 4일~9일 　참고: 임종중음은 숨이 멎은 후 약 3일 반	적정의 모습을 한 불보살님들
실상중음 제7일 – 숨이 멎은 후 약 10일째	지혜의 존자들 (적정의 성품과 분노의 성품이 섞임)
실상중음 제8~제14일 – 숨이 멎은 후 약 11~17일	분노의 존자들과 신중들

실상중음의 14일(2주) 동안 나타나는 무수히 많은 존자들에 대해 티베트의 학승인 라마 카지 다와삼둡은 다음과 같이 설명하였습니다.

"이러한 신들은 누구에게나 공통적으로 나타나는 것이 아닙니다. 이 경전은 티베트 불교의 세계관 속에서 살다가 죽은 사람을 대상으로 저술된 것이기 때문에 그들이 중요하게 여기는 신들이 등장하고 있는 것입니다. 다른 문화와 신앙을 가진 사람들에게는 이 신들이 다른 모습으로 나타나지만, 그 본질은 같습니다. 따라서 그들의 모습과 특징 하나하나에 마음을 두기보다는 그들이 의미하고 상징하는 바에 초점을 맞춰야 합니다."

제3장
34

실상중음에서는 수많은 빛과 색, 그리고 소리, 이 세 가지가 출현함으로써 그대는 공포에 질려 기절하게 됩니다. 그러므로 반드시 그대는 실상중음의 참모습을 알아차리도록 이 가르침을 귀담아 들어야 합니다.

이제 임종중음을 지나 비로소 지금 죽음이라 부르는 그것이 당신에게 찾아왔습니다. 이것은 모든 사람들에게 일어나는 일입니다. 그러니 이생에 대한 애착을 갖지 말고 오직 불법승 삼보만을 기억하도록 하십시오.

실상중음에서 무수한 빛과 색과 소리가 망자를 혼란케 하며, 그럴수록 망자는 삼보에 귀의해야 합니다.

실상중음은 앞서 언급한 여러 존자들과 더불어 무수히 많은 빛과 색, 그리고 소리가 망자를 혼란하게 합니다. 망자가 이러한 현상들에 대해서 모든 것이 망자 스스로가 생전에 지은 바 업에 의한 것임을 분명히 인식할 수 있도록 독송해 주는 것이 절실히 필요한 시기입니다. 여기에서는 이 세 가지 가운데 가장 중요한 빛에 대해서 잠시 살펴보겠습니다.

중음 속에는 망자에게 도움이 되는, 즉 해탈을 돕는 빛이 있습니다. 이는 앞서 공부한 임종중음의 청정한 빛이 바로 그것입니다. 실상중음에서는 이 청정한 빛이 부처님들께서 발산하시는 지혜의 빛으로 나타납니다. 망자는 그 빛을 강렬하게 사랑하고 아울러 한 마음으로 '관상(觀想)'함으로써 해탈을 얻습니다.

이와는 반대로 윤회에 빠뜨리는 유혹의 빛 또한 동시에 존재합니다. 이 세상에도 빛과 어둠이 동시에 있는 것과 같은 이치입니다. 이러한 상황에서 악업의 영향 때문에 망자는 강렬하고 밝은 지혜의 빛에 두려움을 느껴 피하려 합니다. 그리고 반대로 어리석게도 생전의 업력으로 인하여 육도윤회의 빛에 이끌리면 결국 이리저리 헤매다 육도윤회의 소용돌이 속으로 떨어지고 맙니다. 따라서 망자가 바르게 빛을 선택할 수 있도록 이 가르침을 꼭 읽어주어야 합니다.

제3장
35

실상중음에서 온갖 공포의 환영들이 나타날지라도, 그대는 다음의 가르침을 절대 잊지 말고, 그 의미를 잘 기억해야 합니다. 이것이 실상중음의 환영을 깨닫게 해주는 열쇠입니다.

"실상중음이 내 앞에 나타나고 있다. 공포의 환영들은 모두 나의 의식이 만든 것이며, 그런 환영들이 이 실상중음에서는 자연스런 현상이란 걸 알았노라. 이제는 두려운 생각이 모두 없어졌다. 따라서 해탈을 해야 하는 매우 중요한 이 순간, 나로부터 비롯되어 나타난 존자들에 대해 다시는 두려워하지 않겠다고 굳게 다짐한다."

망자는 실상중음에서 나타나는 모든 환영들이 생전에 망자가 지은 의식에서 비롯된 것임을 깨달아야 합니다.

편지의 말미에 언급된 '나로부터 비롯되어 나타난 존자들'에 대해서 살펴보겠습니다. 적정의 존자들은 망자의 심장에서 나오며 지혜의 존자들은 망자의 목, 그리고 분노의 존자들은 망자의 머리에서 나오는데, 영국의 종교학자인 에반스 웬츠는 이를 다음과 같이 설명하였습니다.

"먼저 적정의 신들은 망자의 심장에 담긴 인간의 고귀한 감정이 인격화되어 나타나는 형상들이다. 그것들이 맨 먼저 나타나는 것은 심장에서 나오는 충동이 머리에서 나오는 충동보다 앞서기 때문이다. 이들은 방금 인간 세계와 관계가 단절된 망자에게 평화적인 측면에서 영향을 주고 통제하기 위해 나타난다. 그러나 만일 업 때문에 그가 이 단계들에서 영원한 자유에 이를 수 있는 운명이 아니라면 그는 그 다음 단계들로 떨어져 방황하게 되는데 여기서는 심장의 충동이 머리의 충동에게 자리를 양보한다.[26]

적정의 신들이 망자의 감정이 인격화된 것인데 반해 분노의 신들은 이성이 인격화된 모습이다. 이것들은 망자의 머리로부터 나온다. 심장에서 일어나는 감정이 머리의 이성으로 탈바꿈하듯이, 분노의 신들은 적정의 신들이 탈바꿈한 모습이다. 심장에서 나오는 고귀한 감정들이 물러나고 이성이 활동함에 따라 망자는 자신이 처한 상태를 더욱 더 깨닫기 시작한다."

---

[26] 실상중음 제6일에 출현하는 목(가슴과 머리의 사이)에서 비롯된 지혜의 존자는 생략되었습니다.

제3장 36

실상중음에서 그대의 몸과 마음이 분리될 때, 진리의 광경을 보게 됩니다. 흡사 봄날의 들판에서 아지랑이가 일렁거리는 것과 같은데, 그것을 두려워하지 마십시오. 또한 진리의 소리가 마치 천 개의 천둥소리처럼 들려올지라도, 그 또한 그대의 내면에서 투영된 소리이니 두려워하지 마십시오.

지금 그대의 몸은 의생신(意生身)입니다. 극도로 미세한 물질과 의식으로만 이루어진 몸이므로 그 어떤 빛과 색과 소리들로도 그대를 해치지 못합니다. 그대에겐 죽음이 없습니다. 단지 그것들이 그대 존재 근원에서 투영된 환영임을 아는 것으로 충분합니다.

> **어떠한 소리와 빛과 색이 망자를 위협할지라도
> 망자의 몸은 의생신이므로
> 그 무엇도 겁낼 것이 없습니다.**

　실상중음에서 망자는 진리의 광경과 진리의 소리를 보더라도 생전의 업으로 인해 이를 두려워하게 됩니다. 심지어는 그러한 광경과 소리가 자신을 해칠까봐 겁을 냅니다. 앞으로 실상중음과 재생중음을 거치게 되면 이처럼 진리에서 비롯된 환영이 아닌 생전의 업력에서 비롯된 무수히 많은 환영들이 나타나게 되는데, 그럴 때마다 도망치는 것은 답이 될 수 없습니다.
　왜냐하면, 환영은 망자와 분리된 것이 아니므로 망자가 중음을 떠도는 이상 끊임없이 환영은 망자를 따라다니기 때문입니다. 결국 중음계에 가득한 이러한 환영들이 망자 자신에게서 비롯된 실체가 없는 것임을 깨닫는 것만이 유일한 답입니다.
　앞서 임종중음에서 망자의 몸은 환신(幻身)의 상태에 있다고 하였습니다. 그리고 지금의 실상중음에서 망자의 몸은 의생신으로 변화하였습니다. 이후 재생중음에서 더욱 강력해진(보다 해탈하기 힘들어진) 의생신의 상태로 중음을 떠돌다가 그때에도 미혹하여 이 법을 듣지 못하거나 생전에 지은 악업의 강한 업력이 있다면, 그 때에는 '재생'이라는 말처럼 새로운 몸으로 거듭 태어나게 됩니다.
　돌이켜보면, 우리의 삶이란 이 몸과 한시도 떨어져 생각할 수가 없습니다. 중생들은 이 몸을 집착의 대상으로 삼지만, 수행자는 수행의 그릇으로 여기는 점이 가장 큰 차이점이라고 할 수 있습니다.

제3장
37

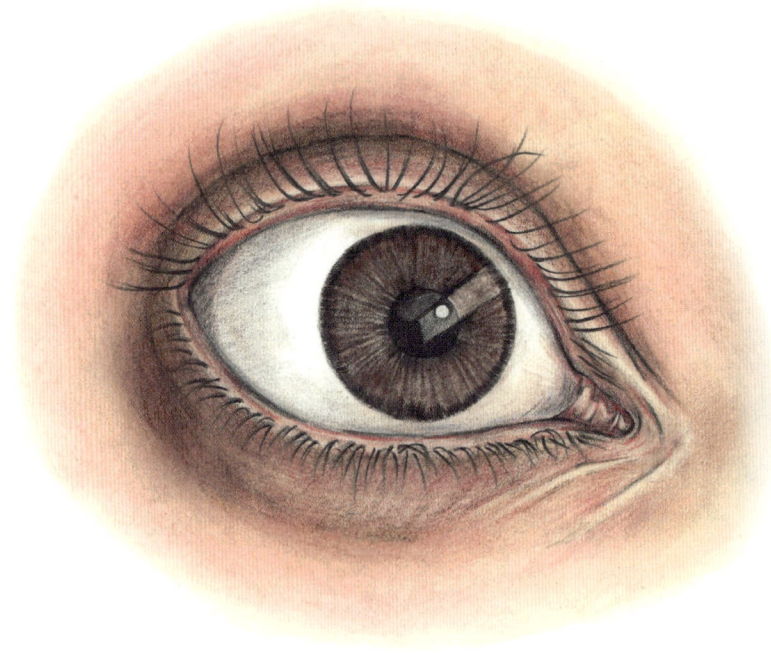

오늘부터 7일 동안은 적정의 존자들이 차례대로 매일 망자 앞에 나타나는데, 그 때마다 그대를 위하여 해탈하는 방법들을 하나하나 설명해 드릴 것입니다. 그대는 임종중음에서 지난 3일 반 동안 의식을 잃고 지냈습니다.

의식이 깬 후, 그대는 '지금 내게 무슨 일이 일어난 걸까?'하고 생각하게 됩니다. 그대는 지금 실상중음에 들어와 있음을 깨닫도록 하십시오. 이 때 윤회의 흐름이 역류하여 모든 현상들이 청정한 빛과 부처님의 몸으로 출현합니다.

망자는 현재 임종중음을 지나 실상중음에 들어와 있음을 명심해야 하며, 윤회의 흐름이 역류한 현상들을 놓쳐서는 안 됩니다.

편지의 마지막 부분에 있는 무척 흥미로운 구절인 '윤회의 흐름이 역류'에 대해서 우선 살펴보겠습니다. 역류란, 사후의 기절 상태에서 윤회의 진행이 일시적으로 멈추고, 물레방아의 바퀴로부터 물이 넘쳐흐르듯이 여러 신들의 환영이 나오는 것을 의미합니다.

그 여러 신들이 실상중음의 제1~제5일에는 다섯 부처님과 그 반려자인 불모(佛母)의 모습으로 나타납니다. 이는 중생이 지닌 무지 등의 다섯 가지 독을 해탈을 얻게 하는 법계체성지 등의 다섯 가지 지혜로 전환시키려는 것입니다. 아래의 표는 앞으로 공부할 실상중음 내내 필요할 것이기에 미리 정리하여 보았습니다. 이 표에 담긴 의미를 앞으로 하나하나 함께 살펴볼 것입니다.

날짜	부처님	오온	오대	색	지혜	독	유혹하는 육도와 그 빛
1일	비로자나불 -허공계자재모	식온	공대	청색	법계체성지	무지	천상계와 흰색
2일	금강살타불 -불안불모	색온	지대	흰색	대원경지	분노	지옥계와 회색
3일	보생불 -마마끼불모	수온	수대	금색	평등성지	아만	인간계와 푸른색
4일	아미타불 -백의불모	상온	화대	적색	묘관찰지	탐욕	아귀계와 노란색
5일	불공성취불 -싸마야따라	행온	풍대	녹색	성소작지	질투	아수라계와 적색

제3장 38

첫째 날의 하늘은 짙은 푸른색으로 맑고 밝습니다. 온 몸이 푸른색이고 사자좌에 앉으신 비로자나 부처님께서 손에는 법륜(法輪)을 잡고 동시에 허공계자재모(虛空界自在母)를 껴안고 계십니다. 부처님께서는 법계의 중앙정토인 밀엄찰토(密嚴刹土)로부터 출현하여 그대 앞에 나타납니다.

실상중음 제1일에는 푸른색의 비로자나 부처님께서 나타납니다.

　실상중음의 제1일에 망자에게 나타나는 비로자나 부처님을 중심으로 중요한 사항들을 정리하겠습니다.

① 실상중음 제1일에 해당하는 비로자나 부처님은 법계의 상하좌우와 중앙의 오방(五方) 가운데 중앙에 해당합니다. 그리고 실상중음의 제2~제5일에 나타나는 네 분의 부처님은 각각 색온과 수온, 그리고 상온과 행온의 네 원소와 그에 상응하는 지수화풍의 사대를 상징합니다.

② 그리고 다섯 가지 온(오온五蘊)은 각각의 다섯 부처님을 뜻하며, 다섯 가지 대(오대五大)는 각각 다섯 부처님의 반려자(불모佛母)를 의미합니다. 이처럼 중앙을 중심으로 사온(四蘊)과 사대(四大)가 의식의 가장 순수한 상태인 우리의 불성(佛性)을 둘러싸는 것입니다.

③ 허공계자재모는 비로자나 부처님께서 지니신 바 공성의 법계를 상징하는 여성 원리입니다.

④ 손에 지닌 법구는 여덟 개의 꽃잎 같은 바퀴살을 가진 법륜이며, 각성의 지혜로 무지(無知)를 파괴함을 상징합니다.

⑤ 수인(手印)은 대보리인(大菩提印)을 맺으니, 이는 부처님께서 깨달으신 비밀한 뜻을 상징합니다.

⑥ 비로자나 부처님의 정토는 앞서 말씀드린 것처럼 법계의 중앙에 위치하는데, 이 정토의 이름은 '밀엄찰토(密嚴刹土)'입니다. 이는 '만물의 씨앗을 사방에 뿌리는 진리의 세계'라는 의미입니다. 다른 별칭(別稱)으로는 불퇴불국이라고도 하는데, 이는 더 이상 떨어지지 않는(윤회하지 않는) 열반에 도달한 국토를 의미합니다.

제3장
39

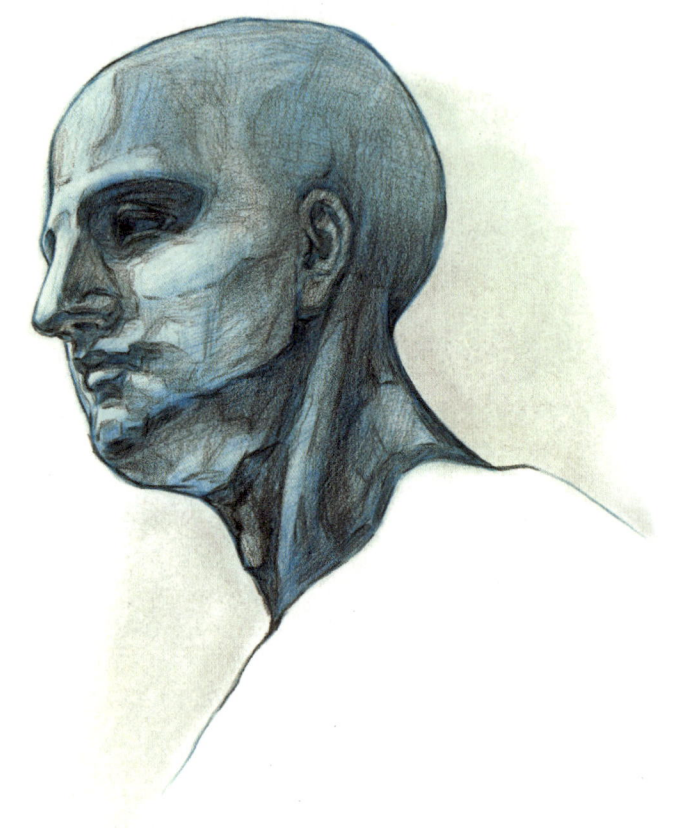

비로자나 부처님께서는 가슴에서 푸른빛을 발산합니다. 이 빛이 바로 식온의 본질인 법계체성지(法界體性智)입니다. 이 푸른빛이 그대의 몸을 두루 비추는데, 눈이 부실 정도입니다. 그러나 어리석은 무지의 업력 때문에 푸른빛을 보는 순간 두려움이 생겨서 도망가고자 하며, 오히려 천상계의 어슴푸레한 흰빛에 기쁨을 일으킵니다.

그대는 푸른빛을 보고 놀라지 말아야 하며, 확고한 믿음으로 그 빛을 비로자나 부처님을 보는 것처럼 관상해야 합니다. 동시에 천상계의 흰빛에 대해서는 탐내거나 애착하지 마십시오. 조금만 방심해도 그대는 즉각 천궁에서 노닐다가 끝내는 윤회 속에 빠지게 됩니다.

비로자나불의 푸른빛과
천상계의 어슴푸레한 흰빛 사이에서
망자는 해탈로 가는 빛을 분명하게 분별해야 합니다.

편지글에 여러 용어가 등장해서 좀 어려울 수 있지만, 이것이 어떠한 관념적인 이야기가 아니라 지금 중음계를 떠돌고 있는 소중한 사람, 그리고 궁극적으로 훗날 반드시 겪게 될 '나의 죽음'과 관련된 이야기이므로 조금만 관심을 기울이면 그 속에 담긴 이치를 이해할 수 있습니다. 우선 앞서 정리한 도표 중 제1일에 해당하는 부분을 옮기면 다음과 같습니다.

날짜	부처님	오온	오대	색	지혜	독	유혹하는 육도와 그 빛
1일	비로자나불 -허공계자재모	식온 (비로자나불)	공대 (허공계자재모)	청색	법계 체성지	무지	천상계와 흰색

뒤이어 나올 제2~제5일의 부처님과 불모(佛母)에서도 같이 적용이 되는 바, 우선 살필 것은 해당 일의 온(蘊)과 대(大)는 각각 해당 일의 부처님과 불모에 상응합니다. 그리고 해당 일에는 각각 네 가지 중요한 점을 살필 수 있는데, 표에 나와 있는 순서대로 ① 부처님의 색 ② 부처님의 지혜 ③ 중생의 미혹한 측면 ④ 중생을 유혹하는 윤회의 세계와 그 빛입니다.

제3장 40

저를 따라 다음과 같이 기도해야 합니다.

"아! 이 몸이 생전의 어리석은 악업으로 윤회의 수렁 속을 유랑할 때, 푸른빛의 밝은 광명의 길로 가고자 하오니, 비로자나 부처님께서는 앞에서 이끄시고, 불모께서는 뒤에서 미시어, 중음의 험한 길에서 구원하시고, 깨달음으로 인도하소서!"

이 기도의 힘으로 그대는 비로자나 부처님 합체존의 심장 속으로 무지갯빛으로 녹아든 뒤, 중앙의 정토에서 보신의 몸으로 성불하게 됩니다.

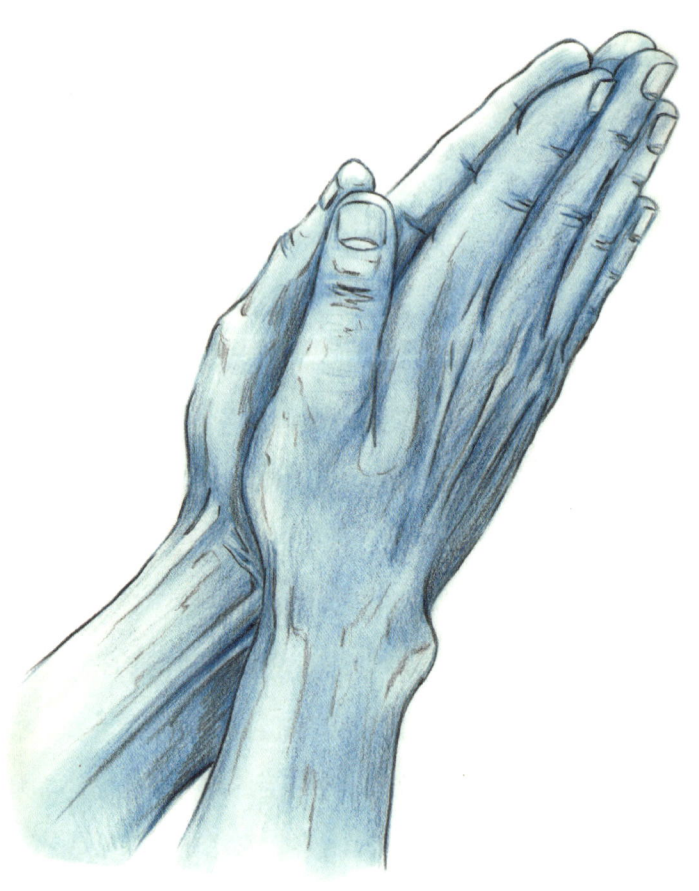

그리고 망자는 비로자나 부처님께 간절히 기도해야 합니다.

실상중음의 제1일을 마무리할 때 망자는 해당 부처님께 기도를 해야 합니다. 기도라는 것은 기본적으로 자신의 업을 참회하는 것입니다. 업에 대해서 몇 가지 살펴보겠습니다. 이번에 살펴볼 것은 '업의 특성(인과법)'입니다.

• 업 결정의 도리
선한 행동과 부정한 행동은 각각 그 과보를 낳게 됩니다. 선한 행동(원인)이 부정적인 결과를 가져오는 일은 있을 수가 없으며, 그 반대도 마찬가지입니다. 우리 속담에서도 "콩 심은 데 콩 나고 팥 심은 데 팥 난다."고 하는 것이 바로 '업 결정의 도리'를 말하는 것입니다. 이를 반대로 하면 곧 '업을 짓지 않으면 만나지 않는 도리'가 됩니다.

• 업이 가진 복합성의 도리
작은 업에서 큰 과보가 생기는 것은 전생에 지은 복합적인 여러 인연에 의한 것입니다. 마치 하나의 씨앗에서 많은 열매가 열리고, 그 열매에는 같은 속성의 씨앗이 더 많이 들어 있는 것과 같습니다. 누적된 업을 고려하지 않고 빙산의 일각만을 보고서 억울해하는 마음을 가져선 안 되며, 그럴수록 두려운 마음을 가지고 정진해 나가야 합니다.

• 이미 지은 업은 사라지지 않는 도리
자신의 업으로 인한 흔적은 간절히 참회하거나 불보살님의 가피력을 입지 않고서는 결코 없어지지 않습니다. 성인께서는 "모든 업은 백 천겁이 지날지라도 없어지지 않고 쌓여 모이게 되나니, 때가 되면 모든 과를 받으리라"라고 하셨습니다.

제3장 41

실상중음의 첫째 날에 깨닫지 못하면 둘째 날에는 그대 앞에 금강살타 부처님께서 나타나십니다. 둘째 날의 땅은 청정하고 흰빛입니다. 온 몸이 흰빛이고 코끼리 보좌(寶座) 위에 앉으신 금강살타 부처님께서 손에는 금강저를 잡고 동시에 불안불모(佛眼佛母)를 껴안고 계십니다. 그리고 동방의 정토인 환희세계로부터 지장보살, 미륵보살과 함께 아름다운 자태를 한 여신과 꽃을 든 여신이 앞뒤로 옹호하면서 그대 앞에 나타날 것입니다.

실상중음 제2일에는 흰색의 금강살타 부처님께서 나타납니다.

오늘의 주인공인 금강살타 부처님 중심으로 정리해보겠습니다.

① 금강살타 부처님은 동쪽에 거주하는 아촉 부처님의 보신입니다[27]. 보신으로 나타난 이유는 보다 장엄하고 적극적인 모습의 표현입니다. 금강이란 '파괴할 수 없는 본질'을 의미합니다.

② 불안불모(佛眼佛母)는 '부처님의 눈'이 가진 힘을 형상화한 것입니다. 이 분은 삼세의 부처님들을 탄생시키는 위대한 힘을 갖추고 있기 때문에 불안불모라고 부릅니다.

③ 금강살타 부처님께서 지니신 사물은 오고(五股)금강저[28]입니다. 그리고 수인(手印)으로는 항마인(降魔印)을 하고 계시는데, 이는 석가모니 부처님께서 깨달음을 얻을 때의 수인입니다.

④ 이 분의 정토는 동방에 위치합니다. '신묘한 즐거움이 가득한 깨달음의 정토'라는 뜻의 환희불국(歡喜佛國)이라 합니다.

⑤ 제2일부터 제5일까지는 앞서 제1일과는 다르게 권속들이 나타납니다. 부처님의 막힘없는 지혜방편의 측면에서 두 분의 남성보살이 출현하고, 불모의 법의 성품의 측면에서 두 분의 여성보살이 출현합니다.

---

27) 이 두 부처님을 '금강살타 아촉 부처님'이라고 합해서 부르기도 하며, 약칭으로 금강살타 부처님이라고도 부릅니다. 그 이유는 금강살타는 아촉불의 현신이며, 동일한 존재이기 때문입니다.
28) 밀교의 법구로 붓다의 오성지(五聖智)를 상징하며 윤회세계의 무지와 결박을 파괴함을 상징합니다.

제3장 42

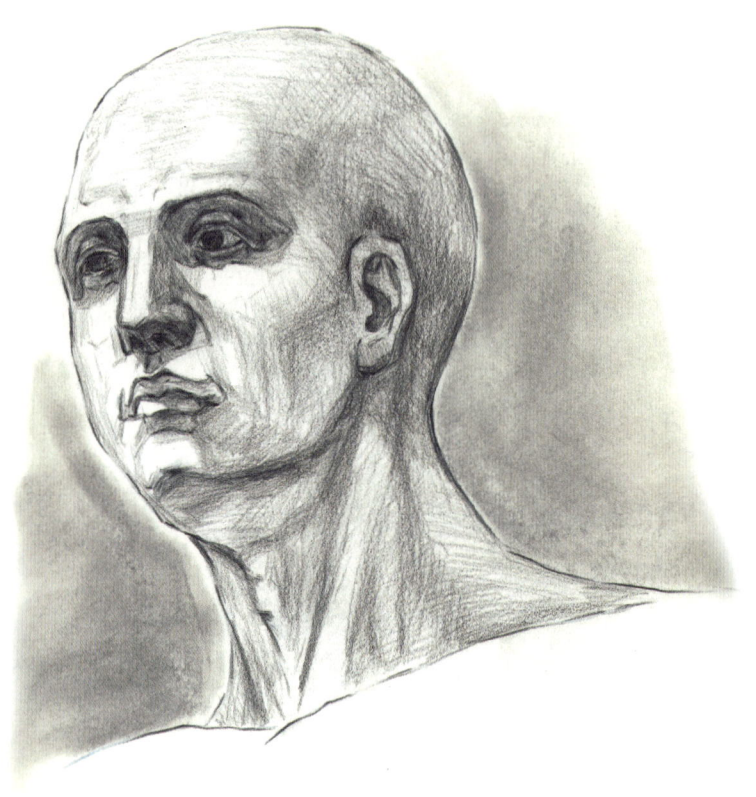

금강살타 부처님께서는 가슴에서 흰빛을 발산합니다. 이 빛이 바로 색온의 본질인 대원경지입니다. 이 흰빛이 그대의 몸을 두루 비추는데, 눈이 부실 정도입니다. 그러나 분노의 업력 때문에 흰빛을 보는 순간 두려움과 공포가 생겨서 도망가고자 하며, 오히려 지옥계의 어두운 회색빛에 대해서 기쁨을 일으킵니다.

그대는 흰빛을 보고 놀라지 말아야 하며, 확고한 믿음으로 그 빛을 마치 금강살타 부처님을 보는 것처럼 관상해야 합니다. 동시에 지옥계의 회색빛에 대해서는 탐내거나 애착하지 마십시오. 조금만 방심해도 즉각 지옥에 떨어져 온갖 고난을 받으면서 육도의 윤회 속에 빠지게 됩니다.

금강살타 부처님의 흰빛과
지옥계의 어두운 회색빛 사이에서
망자는 해탈로 가는 빛을 분명하게 분별해야 합니다.

앞서 표 가운데 제2일에 해당하는 부분은 다음과 같습니다.

날짜	부처님	오온	오대	색	지혜	독	유혹하는 육도와 그 빛
2일	금강살타불 -불안불모	색온 (금강살타불)	지대 (불안불모)	흰색	대원경지	분노	지옥계와 회색

이 가운데 서로 호응을 이루고 있는 '오온'과 '오대'에 대해서 공부하도록 하겠습니다. 우선 오온은 인간 존재를 다섯 가지(식수상행식)의 무더기(온蘊)로 나누어 설명한 불교의 매우 중요한 법수입니다. 그리고 앞서 죽음의 과정(편지 13~20)을 살피면서 지수화풍과 의식의 소멸 순서대로 죽음의 과정이 진행되는 것을 보았습니다. 여기서 의식은 곧 공대(空大)이므로, 이렇게 하여 오대가 성립이 됩니다.

각각의 오온과 오대는 해당일의 부처님과 그 반려자인 불모(佛母)와 상응하는 바, 즉 실상중음 제2일의 금강살타 부처님께서는 오온 가운데 색온의 속성을 지니며 불안불모님은 오대 중에서 지대의 성질을 갖고 있다는 의미입니다. 또한 이러한 속성이 '나(망자)'와 분리된 것이 아니라 바로 나의 오온이며, 나의 오대에서 비롯된 부처님과 불모라는 점을 명심해야 합니다.

제3장
43

저를 따라 다음과 같이 기도해야 합니다.
"아! 이 몸이 성냄의 악업으로 윤회의 수렁 속을 유랑할 때, 흰빛의 대원경지의 밝은 광명의 길로 가고자 하오니. 금강살타 부처님께서는 앞에서 이끄시고, 불안불모께서는 뒤에서 미시어, 중음의 험한 길에서 구원하시고, 깨달음으로 인도하소서!"
이 기도의 힘으로 그대는 금강살타 부처님 합체존의 심장 속으로 무지갯빛으로 녹아든 뒤, 동방의 환희세계에서 보신의 몸으로 성불하게 됩니다.

그리고 망자는 금강살타 부처님께 간절히 기도해야 합니다.

이번에는 '악업의 대치법(선업의 증장)'에 대해 살펴보겠습니다. 이와 관련한 달라이 라마 스님의 좋은 말씀이 있어서 소개해 드리겠습니다.

"수행은 가장 먼저 기본을 닦음과 동시에 중요한 곳에서부터 시작을 해야 합니다. 그것이 바로 악업을 대치하는 것(동시에 선업을 증장)으로서 《천수경》의 '십악참회(살생~어리석음)'의 열 가지 업의 행위(십계十戒)를 통하여 업의 법칙을 관찰하는 것입니다.

우리는 경전을 몇 권이나 공부했는지, 용맹정진은 몇 번이나 했는지 등을 흔히 말하곤 합니다. 하지만 하루에 몇 번이나 십계를 어겼는지 세어 보는 것이 보다 효과적입니다. 매일 밤 조용히 앉아서 하루 동안의 행위를 점검해 보고 잘못한 것이 있으면 조용히 인정하고 앞으로는 그런 잘못을 하지 않겠다고 결심하는 습관을 들인다면 이것이 곧 매우 훌륭한 수행법입니다.

나아가 삼보에 귀의를 하고 보리심에 대한 수습과 함께 다양한 수행법을 적용해 악업의 영향력을 상쇄해야 합니다. 이러한 명상 수행을 통해서 내가 한 악업을 떠올리고, 그 본성을 숙고하고, 이 업들이 가져올 결과를 두려워하고, 부정적 흔적을 마음에서 정화하겠다고 결심해야 합니다.

보통 우리 마음은 이생에서만 도움이 되는 것들, 즉 영적인 가치가 없는 것들에 모든 힘을 집중하는 성향이 있습니다. 그러나 이런 수행을 통해서 이생의 의미 없는 것들에 대한 집착이 줄어들고 영적 가치에 대한 내적인 관심이 생겨나게 되며, 자연스럽게 기존의 악업이 선업으로 전환이 됩니다."

실상중음의 둘째 날에 깨닫지 못하면 셋째 날에는 그대 앞에 보생 부처님께서 나타나 십니다. 셋째 날의 물은 투명하고 노란빛입니다. 온 몸이 노란색이고 말의 보좌(寶座)에 앉으신 보생 부처님께서 손에는 보물을 잡고 동시에 불모(佛母) 마마끼(有我母)를 껴안고 계십니다. 그리고 남방의 길상세계(吉祥世界)로부터 허공장보살과 보현보살, 염주를 든 여신과 향을 든 여신이 앞뒤로 옹호하면서 그대 앞에 나타날 것입니다.

실상중음 제3일에는 노란색의 보생 부처님께서 나타납니다.

한국불자님들에겐 다소 생소한 보생 부처님에 대해 살펴보겠습니다.

① 보생(寶生)이란 이름 그대로 보배로 장엄된 모든 것을 생(生)하는 분이라는 의미입니다. 이 분은 남쪽에 계시며, 모든 공덕의 보배들을 산출하는 모든 붓다의 공덕을 상징하는 부처님입니다. 그러므로 이 분이 상대하는 나쁜 독은 무엇이든 많이 소유하는 데서 생기는 아만심을 말합니다.

② 불모 마마끼(有我母)는 범어로써, 밀교의 오불여래 만다라에서 남방의 보생여래와 함께 평등성지를 상징하는 중요한 불모입니다.

③ 특별히 지니고 있는 사물은 없으며, 수인(手印)은 여원인(與願印)입니다. 이는 일반적으로 손바닥을 펴서 보이는 모습으로 깨달음의 성취를 비롯한 중생의 온갖 염원을 만족시키는 의미를 가집니다.

④ 이 부처님의 남방 정토는 일체 공덕의 길상을 지님을 뜻하는 길상세계(吉祥世界)입니다. 온갖 물질공덕과 지혜들로 장엄한 아름다운 정토입니다.

⑤ 제2일과 마찬가지로 네 분의 보살님이 보생 부처님을 수호하며 나타나는데, 특히 허공장(虛空藏)보살님은 불성의 무변한 공덕을 지닌 곳간처럼 제불보살님의 일체의 공덕을 갈무리하고 산출하는 것을 상징합니다. 보생불의 속성에 부합되는 보살님께서 짝을 이루어 나투시는 것을 알 수 있습니다.

제3장
45

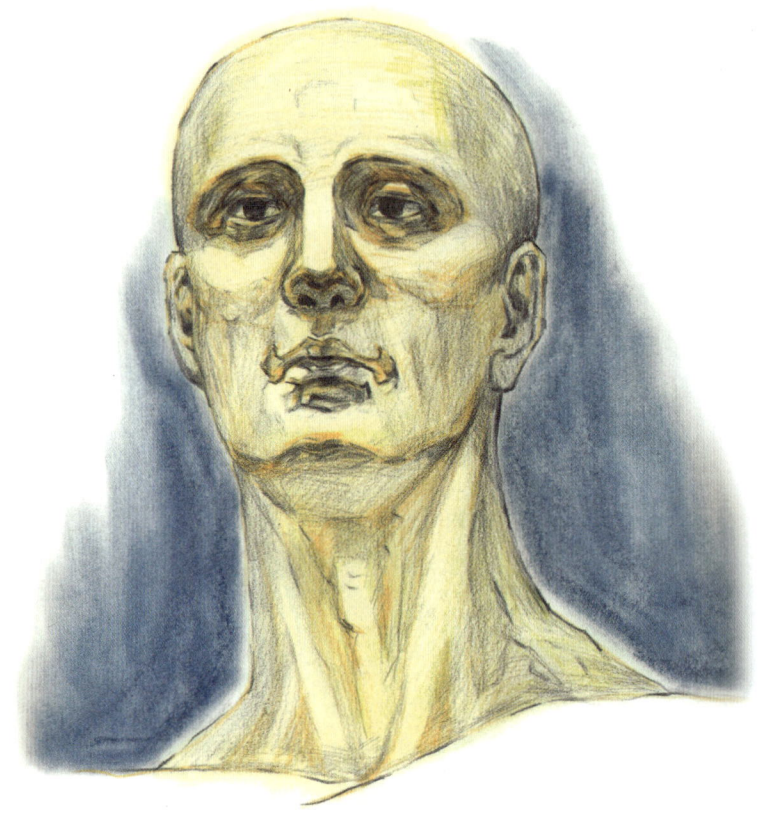

보생 부처님께서는 가슴에서 노란빛을 발산합니다. 이 빛이 바로 수온(受蘊)의 본질인 평등성지입니다. 이 노란빛이 그대의 몸을 두루 비추는데, 눈이 부실 정도입니다. 그러나 아만의 업력 때문에 노란빛을 보는 순간 두려움이 생겨서 도망가고자 하며, 오히려 인간계의 어둡고 푸르스름한 빛에 대해서 기쁨을 일으킵니다.

그대는 노란빛을 보고 놀라지 말아야 하며, 그 빛을 보생 부처님을 보는 것처럼 관상해야 합니다. 동시에 인간계의 어두운 푸른빛에 대해서 탐내거나 애착하지 마십시오. 조금만 방심해도 즉각 인간계에 떨어져 혼탁한 세상을 고통 속에 살면서 육도의 윤회 속에 빠지게 됩니다.

보생 부처님의 노란빛과 인간계의 어두운 푸르스름한 빛 사이에서 망자는 해탈로 가는 빛을 분명하게 분별해야 합니다.

제3일에 해당하는 속성들은 다음과 같습니다.

날짜	부처님	오온	오대	색	지혜	독	유혹하는 육도와 그 빛
3일	보생불 -마마끼불모	수온 (보생불)	수대 (마마끼불모)	금색	평등성지	아만	인간계와 푸른색

이번에는 '색'과 '지혜'를 살펴보겠습니다. 우선 색의 경우는 부처님의 거룩한 몸의 색이며 그대로 지혜의 빛과 동일합니다. 이 지혜는 또한 다음에 살펴볼 '독'을 대치합니다. 즉 보생 부처님의 금색 몸은 동시에 평등성지의 노란빛과 동일하며, 또한 중생을 윤회하게 만드는 독을 대치하니, 여기서는 아만에 대한 극복을 표현하는 것입니다. 다음의 다섯 가지 지혜들의 특성들 또한 우리가 본래 가지고 있음을 명심해야 합니다.

지혜의 이름	지혜의 특성
법계체성지	모든 법의 근원이 되는 생멸이 없는 법성의 지혜가 법계체성지이며, 여기에서 나머지 네 가지 지혜가 출현합니다.
대원경지	거울에 한 점의 티끌도 없이 삼라만상이 그대로 비추어 모자람이 없는 것과 같이 원만하고 분명한 지혜입니다.
평등성지	'나'와 '남'이라는 차별심을 여의어 대자비심을 일으키며, 중생을 위해 갖가지로 교화하여 이롭게 하는 지혜입니다.
묘관찰지	낱낱의 사물들의 차별상을 바르게 인식하고, 또한 모든 존재의 관련성(연기법)을 관찰하고 통찰하는 지혜입니다.
성소작지	불보살님들께서 자리이타의 일체의 이익을 힘씀이 없이 자연적으로 성취하는 지혜입니다.

제3장 46

그리고 저를 따라 다음과 같이 기도해야 합니다.
"아! 이 몸이 아만의 악업으로 윤회의 수렁 속을 유랑할 때, 노란빛의 평등성지의 밝은 광명의 길로 가고자 하오니, 보생 부처님께서는 앞에서 이끄시고, 마마끼 불모께서는 뒤에서 미시어, 중음의 험한 길에서 구원하시고, 깨달음으로 인도하소서!"
이 기도의 힘으로 그대는 보생 부처님 합체존의 심장 속으로 무지갯빛으로 녹아든 뒤, 남방의 정토에서 보신의 몸으로 성불하게 됩니다.

그리고 망자는 보생 부처님께 간절히 기도해야 합니다.

　이번에는 업과 관련한 세 번째 이야기로써 '참회의 동기와 죽음의 불안'에 대해서 생각해 보겠습니다. 참회를 하지 않으면 안 되는 동기는 기본적으로 '혹시 살면서 나중에 혹은 죽은 뒤에 지옥의 고통을 받게 되는 결과가 생기는 것은 아닐까?'하는 불안과 공포의 심리에서 일어납니다. 특히 지금 참회하지 않으면 안 되는 이유는 실로 죽음 그 자체가 자신에게 언제 찾아올지 모르고, 또 그대로 있으면 그 죄책감이 마음 속에 남아 잠재의식화 될 수 있기 때문입니다. 7~8세기 인도의 성인이신 산티데바께서 저술한 《입보리행론(入菩提行論)》에서는 다음과 같이 말씀하셨습니다.

　"어떻게 해서 나는 이 죽음을 벗어날 수 있겠습니까? 나의 죄가 멸하지 않은 사이에 돌연히 죽음이 나에게 도래하지 않기를 원합니다."

　즉, 악한 업이 아직 끊어지지 않는 한 결코 죽을 수 없다는 간절한 바람입니다. 만일 악업이 다 사라지기 전에 죽게 된다면, 악취로 가게 될 것이 두렵기 때문입니다. 이는 윤회전생을 두려워하는 불안함을 기본으로 하며 스스로 지은 죄악을 아직 끊어 없애지 못했기 때문에 생깁니다. 죽음은 예고하지 않으며, 어느 때 갑자기 찾아올지 알 수 없습니다. 따라서 《입보리행론》에서는 그러한 사람이 구원을 받을 수 있는 방법이 바로 참회라고 설명합니다.

제3장
47

실상중음의 셋째 날에 깨닫지 못하면 넷째 날에는 그대 앞에 아미타 부처님께서 나타나십니다. 넷째 날의 불은 선명한 붉은빛입니다. 온 몸이 붉고 공작의 자리에 오르신 아미타 부처님께서 손에는 연꽃을 잡고 동시에 백의불모(白衣佛母)를 껴안고 계십니다. 그리고 서방의 극락세계로부터 관음보살, 문수보살, 비파를 든 여신과 등불을 든 여신이 앞뒤로 옹호하면서 그대 앞에 나타날 것입니다.

실상중음 제4일에는 붉은색의 아미타 부처님께서 나타납니다.

아미타 부처님에 대해서는 앞서 정리한 바가 있으므로, 그 부분을 다시 한 번 참조하시기 바랍니다. 추가적인 내용들을 정리해 보았습니다.

① 부처님 어머니는 백의 부처님 어머니로서, 흰옷을 입고 계십니다. 흰색의 연꽃 속에 거주하고 계시며, 아미타 부처님의 정신적 차원의 반려자이시고, 관음보살과 함께 연화부 일족의 중요한 구성원입니다.

② 아미타 부처님의 피부색은 붉은색으로 이는 중생(망자)이 지닌 탐욕의 극복을 의미합니다. 그리고 손에 지닌 물건은 연꽃입니다.

③ 아미타 부처님의 수인은 우선 엄지와 맞닿은 손가락이 검지와 중지, 그리고 약지이가에 따라 먼저 상중하의 삼품을 나누고 두 손을 포개어 배꼽 아래에 두었는지, 가슴 높이에 들었는지, 아니면 한 손은 들어 올리고 한 손은 배꼽 근처에 두었느냐에 따라서 다시 삼생을 나눕니다.[29]

---

29) 삼품삼생에 왕생하는 이

9단계	왕생하는 이
상품상생	보리심을 많이 닦은 이
상품중생	대승경전의 이치를 깨닫고 인과와 윤회를 알아 수행하고 정진한 이
상품하생	인과의 도리를 믿어 성불하겠다는 신심으로 수행한 이
중품상생	5계와 8관재계를 지키고 선을 수행한 이
중품중생	계율을 지키고 최선을 다해 열심히 수행한 이
중품하생	10악을 저지르지 않고 부모에게 효도하고 덕행을 쌓은 이
하품상생	악을 곧바로 참회하고 공덕을 쌓아서 스님의 염불공덕으로 태어나는 이
하품중생	5계,10계를 범했으나 뉘우치고 바른생각을 해서 스님의 염불공덕으로 태어남
하품하생	업이 많지만 늦게나마 참회하고 불심을 가져서 스님의 염불공덕으로 태어남

제3장 48

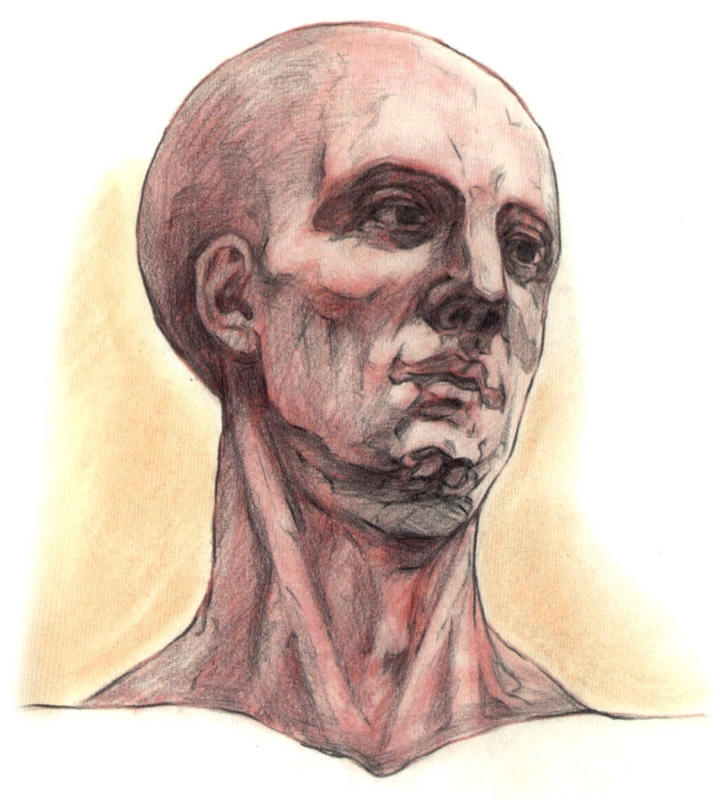

아미타 부처님께서는 가슴에서 붉은빛을 발산합니다. 이 빛이 바로 상온의 본질인 묘관찰지입니다. 이 붉은빛이 그대의 몸을 두루 비추는데, 눈이 부실 정도입니다. 그러나 탐욕의 업력 때문에 붉은빛을 보는 순간 두려움과 공포가 생겨서 도망가고자 하며, 오히려 아귀계의 흐릿한 노란빛에 대해서 기쁨을 일으킵니다.

그대는 붉은빛을 보고 놀라지 말아야 하며, 확고한 믿음으로 그 빛을 마치 아미타 부처님을 보는 것처럼 관상해야 합니다. 동시에 아귀계의 흐릿한 노란빛에 대해서 탐내거나 애착하지 마십시오. 조금만 방심해도 즉각 아귀계에 떨어져 굶주림과 목마름의 참을 수 없는 고통에서 벗어날 기약이 없는 육도의 윤회 속에 빠지게 됩니다.

아미타 부처님의 붉은빛과 아귀계의 흐릿한 노란빛 사이에서 망자는 해탈로 가는 빛을 분명하게 분별해야 합니다.

제4일에 해당하는 속성은 다음과 같습니다.

날짜	부처님	오온	오대	색	지혜	독	육도	유혹하는 육도의 그 빛
4일	아미타불 -백의불모	상온 (아미타불)	화대 (백의불모)	적색	묘관찰지	탐욕	아귀	노란색

앞서 45번째 편지를 정리하면서, '다섯 가지 지혜'를 간략히 정리하였는데, 이 부분은 의식의 차원과 관련하여 무척 중요한 부분이므로 이번에 함께 생각해 보도록 하겠습니다. 의식을 주로 다루는 유식학(唯識學)의 핵심은 바로 '전식득지(轉識得智)'입니다. 즉 전(前)[30]5식인 '안이비설신'과 제6식인 분별의식, 그리고 제7식인 말나식(잠재의식), 마지막으로 제8식인 아뢰야식(무의식). 이렇게 네 가지 중생의 의식을 각기 앞서 네 가지 지혜로 바꾸는 것입니다. 그리하여 궁극에는 네 가지의 지혜를 초월한 법계체성지(法界體性智)를 얻는 것(得智)이 '전식득지'의 개념입니다.

의식의 단계	의식이 변화해서 얻는 지혜
① 전 5식	성소작지(成所作智)를 얻음
② 제 6식	묘관찰지(妙觀察智)를 얻음
③ 제 7식	평등성지(平等性智)를 얻음
④ 제 8식	대원경지(大圓鏡智)를 얻음

---

30) 안이비설신을 통틀어 말하기 때문에 제 5식이 아니라 전 5식이라고 합니다. 여기서의 '전(前)'은 제 6식인 의식보다 앞서 있다는 의미입니다.

제3장
49

저를 따라 다음과 같이 기도해야 합니다.
"아! 이 몸이 탐욕의 악업으로 윤회의 수렁 속을 유랑할 때, 붉은빛의 묘관찰지의 밝은 광명의 길로 가고자 하오니, 아미타 부처님께서는 앞에서 이끄시고, 백의불모께서는 뒤에서 미시어, 중음의 험한 길에서 구원하시고, 깨달음으로 인도하소서!"
이 기도의 힘으로 그대는 아미타 부처님 합체존의 심장 속으로 무지갯빛으로 녹아든 뒤, 서방의 정토에서 보신의 몸으로 성불하게 됩니다.

그리고 망자는 아미타 부처님께 간절히 기도해야 합니다.

업에 대한 정리의 마지막으로 '업과 《티베트 사자의 서》의 연결'에 대해 짚어보겠습니다. 혹자는 다음과 같은 질문을 할 수 있습니다. "만일 사후에 인간의 의식체가 생전의 업에 의해 절대적으로 지배를 받는다면 망자를 위한 《티베트 사자의 서》의 독송이 무슨 의미를 가질 수 있겠는가?"

이에 대해 이 경전에서는 다음과 같이 답합니다. 비록 업의 영향력에도 불구하고 우리의 참된 마음은 본질적으로 자유롭다는 것입니다. 즉 망자를 위해 참된 진리를 읽어주면 중음을 떠도는 망자는 이를 듣고서 진실하고 소중한 본성들을 일깨울 수 있습니다. 작은 돌멩이일지라도 강에 던지면 가라앉지만 큰 배 위(불보살님의 원력, 불성을 지닌 중생의 본성)에서는 제아무리 큰 돌덩이일지라도 결코 가라앉지 않는 것과 같은 이치입니다.

앞서 이 책을 막 시작하며 소개하였던 아름다운 낭송을 다시 한 번 소개해 드립니다. 몇 번을 읽어도 감동적인 구절이며, 이 경전(티베트 사자의 서)의 가치를 다시 한 번 생각할 수 있는 가르침이 아닐 수 없습니다.

"중음에서 바람에 날리는 솜털처럼 홀로 날아다니는 마음이
 평화와 지혜를 지닌 자들의 강한 손에서 위로를 얻는다면
 두려움에 떨거나 슬피 울지 않고 정토로 솟아오를 수 있다.
 낯선 곳을 정처 없이 헤매다가 가르침의 힘으로 인해 도움을 받는다면
 그것은 얼마나 놀라운 위로인가!"
 – 툴쿠 툰둡

제3장 50

실상중음의 넷째 날에 깨닫지 못하면 다섯째 날에는 그대 앞에 불공성취 부처님께서 나타나십니다. 다섯째 날의 바람은 맑은 녹색입니다. 온 몸이 녹색이고 금시조 보좌(寶座) 위에 오르신 불공성취불께서는 손에는 금강저를 잡고 동시에 불모 싸마야따라(誓言度母)를 양손으로 껴안고 계십니다. 그리고 북방의 정토인 묘업세계(妙業世界)로부터 금강수보살, 모든 장애를 없애주는 제개장(除蓋障)보살, 해라(海螺)를 든 여신과 춤을 추는 여신이 앞뒤로 옹호하면서 그대 앞에 나타날 것입니다.

실상중음 제5일에는 녹색의 불공성취 부처님께서 나타납니다.

다섯 부처님 가운데 가장 마지막으로 실상중음의 제5일에 나타나는 불공성취(不空成就) 부처님에 대하여 살펴보겠습니다.

① 불공(不空)이란 '비어서 허망하지 않음'이니, 모든 사업을 전혀 잘못이 없이 정확하게 성취하시는 부처님으로 깨달음의 다섯 가족 가운데 업의 가족을 통솔하고 계십니다.

② 불모의 이름은 싸마야따라(誓言度母)입니다. 이 분은 깨달은 이가 지닌 신념이 충만한 서원을 상징합니다.

③ 피부색은 녹색으로 질투와 의심의 독을 제거하는 것을 말합니다. 특별히 손에 지닌 물건은 없으며, 수인(手印)을 보면 시무외인(施無畏印)을 맺고 계십니다. 이는 중생의 두려움을 제거해주는 결심을 대표합니다.

④ 불공성취 부처님의 정토는 법계의 5방 가운데 북방에 위치합니다. 북방의 정토 이름은 묘업세계(妙業世界)입니다.

⑤ 수행 보살님 가운데 금강수(金剛手)보살님은 악을 굴복시키는 힘을 상징합니다. 때로는 분노의 모습을 하고 계신 분도 있습니다. 손에 금강저를 들고 있어서 금강수 보살이라고 합니다. 밀교에서는 금강수 보살, 관음 보살, 문수 보살을 가장 중요한 세 분의 보살로 여깁니다. 이분들은 각기 악의 굴복, 자비, 지혜의 세 가지 힘을 나타냅니다.

제3장
51

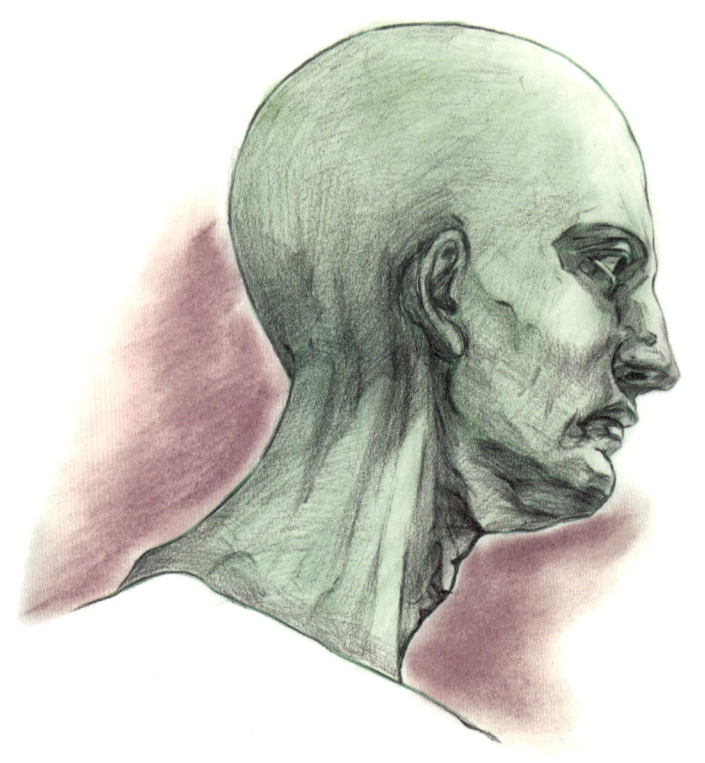

불공성취 부처님께서는 가슴에서 녹색빛을 발산합니다. 이 빛이 바로 행온의 본질인 성소작지입니다. 이 녹색빛이 그대의 몸을 두루 비추는데, 눈이 부실 정도입니다. 그러나 질투의 업력 때문에 녹색빛을 보는 순간 두려움과 공포가 생겨서 도망가고자 하며, 오히려 아수라계의 어두운 붉은빛에 대해서 기쁨을 일으킵니다.

그대는 녹색빛을 보고 놀라지 말아야 하며, 그 빛을 마치 불공성취 부처님을 보는 것처럼 관상해야 합니다. 동시에 아수라계의 어두운 붉은빛에 대해서 탐내거나 애착하지 마십시오. 조금만 방심해도 즉시 아수라계에 떨어져 고통을 견딜 수 없는 육도의 윤회 속에 빠지게 됩니다.

불공성취 부처님의 녹색빛과
아수라계의 어두운 붉은빛 사이에서
망자는 해탈로 가는 빛을 분명하게 분별해야 합니다.

마지막 부처님에 이르기까지 깨닫지 못한 것은 결국 '나'라는 관념에서 벗어나지 못했기 때문입니다. 이로 인해서 '다섯 가지 독'을 버리지 못하고 자연스레 중음에서 '육도와 그에 해당하는 나쁜 빛'을 보게 되는 것입니다. '나'라고 하는 허상에 대해서 한번 생각해보겠습니다.

중생은 본능적으로 두 가지 욕망, 즉 자기보호와 자기보존을 갖고 있습니다. 따라서 자기보호를 위하여 신을 창조하였으며, 또한 자기보존을 위하여 불사(不死)의 '영혼'을 추구합니다. 하지만 불교는 이런 욕망으로 이끄는 것이 아니고, 그것들을 제거하여 깨달은 이를 만드는 것이 목적입니다.

그러나 중생은 자기보호와 자기보존이라는 관념들에 대해 너무나도 친밀하고 소중하게 여기므로 이와는 반대되는 어떤 가르침도 들으려고도 이해하려고도 하지 않습니다. 부처님께서는 이것을 아주 잘 알고 있었으므로 불교의 가르침이 '역류문(逆流門)'[31]이라고 하셨습니다. 중생은 '나 없음(무아)'에 대한 가르침이 곧 '나를 없애는 것'이라 착각하고 두려워하고 또한 불만스러워 하게 됩니다. 부처님 당시 한 비구가 이렇게 물어보았습니다.

"스승님, 자신 속에서 영원한 것이 발견되지 않는다면, 그 사람이 고통스러워하는 경우가 있지 않겠습니까?" 이에 대하여 부처님께서는 다음과 같이 말씀하십니다. "오! 비구들이여, 내가 없다는(무아), 또 나는 어느 것도 가질 수 없다는 (무소유) 이 가르침은 배우지 못한 중생에게는 무서운 것이다."

---

31) 즉 흐름을 거스르는 것으로, 사람의 이기적이고 잘못된 욕망을 거스르는 (참된) 문이라는 의미입니다.

제3장 52

그리고 저를 따라 다음과 같이 기도해야 합니다.
"아! 이 몸이 탐욕의 악업으로 윤회의 수렁 속을 유랑할 때, 녹색빛의 성소작지의 밝은 광명의 길로 가고자 하오니. 불공성취 부처님께서는 앞에서 이끄시고, 싸마야따라(誓言度母) 불모께서는 뒤에서 미시어, 중음의 험한 길에서 구원하시고, 깨달음으로 인도하소서!"
이 기도의 힘으로 그대는 불공 부처님 합체존의 심장 속으로 무지갯빛으로 녹아든 뒤, 북방의 정토에서 보신의 몸으로 성불하게 됩니다.

그리고 망자는 불공성취 부처님께 간절히 기도해야 합니다.

이상으로 실상중음 제1일~제5일의 내용을 살펴보았습니다. 각 날짜의 정토이름(방위)과 부처님 아버지 어머니에 대해 간략히 정리하고 제3장을 마치도록 하겠습니다.

날짜	정토이름	부처님의 특징	불모의 특징
1일	중앙 밀엄불국	비로자나 부처님 - 큰 태양의 광명처럼 모든 곳을 비춘다.	허공계자재모(虛空界自在母) - 우주로부터 온 자재의 여신
2일	동방 환희세계	금강살타 부처님 - 흔들림이 없다.	불안불모(佛眼佛母) - 여래 눈의 위대한 힘이다.
3일	남방 길상세계	보생 부처님 - 5방위의 부처님 중에서 가장 화려한 옷을 입고 있다.	마마끼(有我佛母) - 티베트의 대표 도모(度母)
4일	서방 극락세계	아미타 부처님 - 무한한 빛과 무량한 생명	백의불모(白衣佛母) - 흰색의 연꽃에서 탄생
5일	북방 묘업세계	불공성취 부처님 - 올바르게 성취하고 전혀 잘못이 없다.	싸마야따라(誓言度母) - 신념으로 충만하다.

중음에서 겪게 되는 모든 것이 환영임을 일깨워주는
티베트의 속담은 다음과 같습니다.

"너의 마음을 바꾸어라.
 그 밖의 다른 모든 것은 지금 그대로 두어라."

제4장

두 번째 중음
실상중음 – 제6일~제7일

망자는 앞서 임종중음(제2장)과 실상중음의 제1~제5일(제3장)을
지났습니다. 이제 망자는 실상중음의 제6, 제7일에 처하게 됩니다.
우선, 제6일에는 앞서 5일 동안의 불보살님들이 함께 나타나시며,
제7일에는 적정의 존자들(제1일~제6일)과
분노의 존자들(제8일~제14일) 사이에 존재하는
지혜의 존자들이 나타납니다.
이러한 지혜의 존자들은 망자의 목에서 비롯된 것입니다.
이분들 모두 망자에게 해탈의 길을 인도하는 분들이니
마땅히 망자를 위하여 그 길을 독송을 통하여 알려주어야 합니다.
총 14편의 그림편지와 함께 하겠습니다.

제4장
53

이처럼 여러 차례 알려주더라도 악업이 두터운 이는 윤회를 벗어나지 못합니다. 따라서 실상중음의 여섯째 날에 망자인 그대를 위한 가르침을 다시 일러드리겠습니다.
이제 다섯 방위에서 각각 다섯 부처님과 네 가지 지혜가 뭉친 빛이 다가와 그대를 맞이해 이끌 것입니다. 또한 땅, 물, 불, 바람의 사대의 본질이 일제히 빛을 보입니다. 하지만 동시에 육도를 윤회하는 업의 빛도 다시 나타납니다. 그대는 이를 마땅히 잘 구별해 깨달아야 합니다.

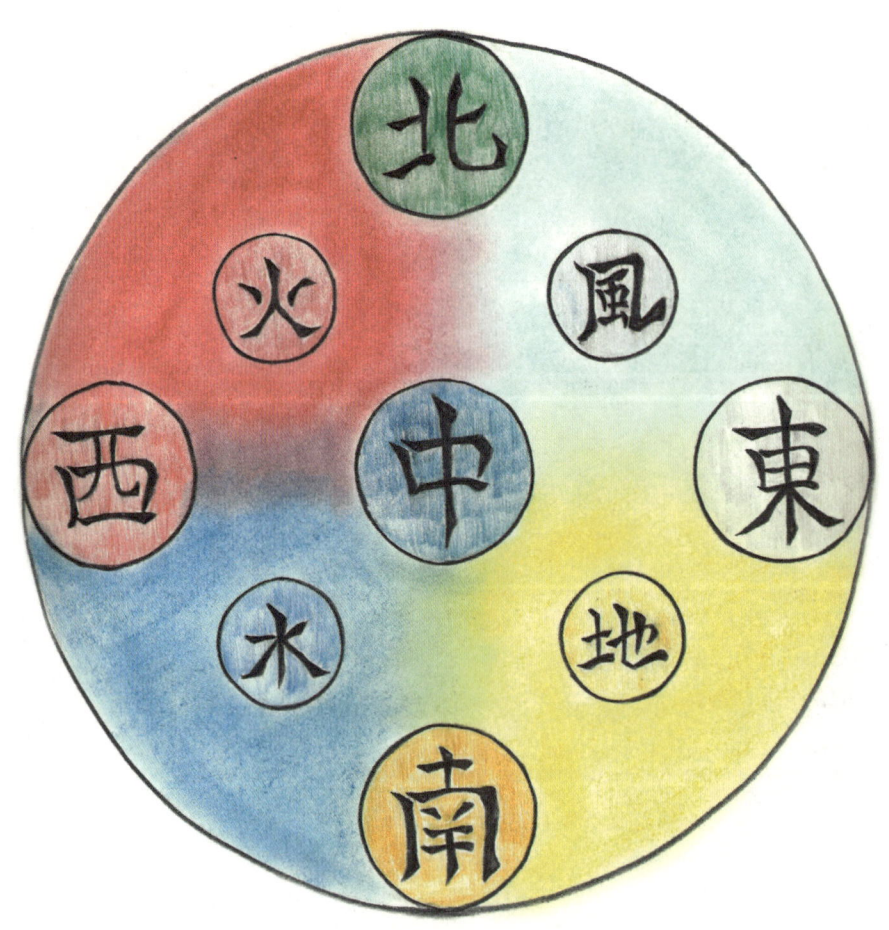

실상중음의
제6일에는
다섯 부처님께서 함께 나타납니다.

실상중음을 떠도는 동안 나타나는 존자들은 모두 112분이며, 생김새와 특성에 따라 적정(寂靜)의 존자, 적정과 분노가 섞인 존자(지혜의 존자), 분노(忿怒)의 존자로 나뉩니다. 나타나는 모든 존자는 전부 망자에게서 비롯된 환영입니다. 오늘 제6일은 앞서 제3장에서 살핀 5일 동안의 적정의 존자들이 함께 나타나는 날이며, 내일(실상 제7일)은 지혜의 존자들이 나타나고 이어서 제8~제14일(제5장에서 살핌)에는 분노의 존자들이 나타나는 바, 그 수를 중심으로 총괄적으로 정리해 보았습니다.

실상중음의 날짜들	나타나는 존자들	특성
실상중음 1~6일	적정의 존자들 - 총 42분	죽은 뒤 실상중음에 들어간 1일부터 6일까지 동안 망자의 영 앞에 나타나는, 적정의 존자들입니다. 합쳐서 42존자입니다.
실상중음 7일	적정의 성품과 분노의 성품이 섞인 존자들 (지혜의 존자들) - 총 10분	제7일에 나타나는 존자입니다. 적정과 분노 사이의 얼굴로 분노의 기색을 띤 모습에 우울한 표정입니다. 그들의 속성은 적정의 존자와 분노의 존자 사이에 있으며, 출현하는 시기도 적정의 존자(1~6일)와 분노의 존자(8~14일) 사이의 7일째입니다. 합계 10존자입니다.
실상중음 8~14일	분노의 존자들 - 총 60분	바로 이어서 실상중음의 8일부터 14일까지 분노의 얼굴을 하고 나타납니다. 그들의 공통된 특징으로는 짙은 눈썹과 분노에 찬 눈매, 분노한 세 개의 눈, 말린 혀와 드러난 어금니 등으로 그 모습이 아주 선명하고 특이합니다. 합쳐서 60존자입니다.

제4장
54

그리고 이들 다섯 부처님의 합체존들 뒤에는, 우주의 네 문을 수호하는 네 분의 남성 분노존자들과 여성존자들이 있습니다. 이어서 육도를 담당하는 여섯 분의 부처님이 나타납니다. 이들 모두가 동시에 빛을 발하면서 그대의 몸을 비출 것입니다.

끝으로 모든 부처님들의 원천인 보현 부처님 쌍신이 나타납니다. 이들 총 마흔 두 분의 존자는 모두 그대 마음의 청정한 깨달음의 성품으로부터 나왔으며 빛을 발해서 그대를 거두러 오십니다.

이들 다섯 부처님 뒤에는 모두 42분의 존자님들이 함께 나타납니다.

편지에서 언급되는 네 분의 남성 분노존자들은 바로 승리명왕, 위덕명왕, 마두명왕, 감로명왕입니다. 그리고 이들 각각에게는 여성 분노존자들이 있는데, 이 여성 분노존자들은 각각 갈고리, 밧줄, 쇠사슬, 방울을 들고 있습니다. 이분들은 우주의 네 문을 수호하고, 수행자를 보호하는 부처님의 변화신들입니다. 이들은 망자를 지켜주는 밀교의 신들로 보살의 계열에 속합니다.

이분들은 또한 인간을 포함하여 생명을 가진 존재들을 구원하기 위해 부처님께서 지니신 사무량심(四無量心)에서 나타난 것입니다. 사무량심은 자비희사(慈悲喜捨)의 네 가지 마음이 한량이 없는 것을 말합니다. 이 네 가지란 중생에 대해서 보살이 갖는 자애, 슬픔, 기쁨, 평등의 네 가지 성스러운 마음을 말합니다.

그리고 편지 마지막 문장을 보면 '마흔 두 분의 존자'라는 표현이 나옵니다. 다시 말하면, 이들 42분의 모든 존자들이 온갖 방법으로 망자를 해탈시키려는 것을 알 수 있습니다. 이분들을 아래와 같이 분류 하였습니다. 이렇게 총 42분이 되며, 이분들은 모두 적정의 존자에 속합니다.

① 5방위의 부처님 가족(10 + 16)
② 4쌍의 문을 지키는 남녀 분노의 존자들(4 +4)
③ 6도의 성스러운 존자들(6)
④ 본초불인 보현 부처님 아버지와 어머니 쌍신상(2)

제4장 55

이 모든 불보살님들과 존자님들 및 여러 빛들은 몸 밖에 있는 것이 아니라 그대 마음의 네 모퉁이와 중앙의 다섯 방위에서 나오는 것입니다. 이것이 바로 대만다라입니다. 모든 불보살님들께서 그대를 향해 빛을 놓아 해탈로 이끄시며, 모든 존자님들께서는 바로 그대를 수호하는 존자입니다. 따라서 그대는 이와 같은 사실을 분명히 깨달아야 합니다.

이러한 대만다라는 모두 망자의 마음에서 비롯된 것입니다.

앞서 죽음의 과정을 공부할 때, 우리 몸에는 맥(脈)이 있다고 하였습니다. 맥이란 생명의 바람(에너지)이 지나는 통로로써, 중맥을 중심으로 크게 일곱 곳에서 이 생명의 바람이 집중적으로 모이는 장소가 있는데 이를 '차크라'라고 합니다. 이 중에서도 두 군데가 중요한데, 바로 가슴(남쪽 센터)과 머리(북쪽 센터)입니다. 인간이 태아 상태로 있을 때 가장 먼저 만들어지는 것이 이 두 센터이며 이 둘에 목을 포함한 세 개의 중심 차크라와 관련하여 세 개의 만다라[32]가 있습니다. 이상의 내용을 잠시 정리하겠습니다.

- 세 가지 중요한 에너지 센터(차크라) - 가슴, 머리, 목
- 특히 중요한 두 군데 - 가슴(남쪽 센터)과 머리(북쪽 센터)
- 세 가지 중요한 에너지 센터와 호응하여 세 가지 중심 만다라가 있음

이 세 개의 중심 만다라는 다시 14가지의 세부 만다라로 나누어집니다. 이 14가지의 세부 만다라가 바로 실상중음의 제1일~제14일 동안 차례로 나타나는 것입니다. 이 관계를 정리하면 다음과 같습니다.

① 실상중음의 제1일~6일에는 가슴에서 적정의 존자들이 나타납니다.
② 제7일에는 목에서 적정과 분노가 섞인 지혜의 존자들이 나타납니다.
③ 실상중음의 제8일~14일에는 가슴과 목에서 나온 신들이 머리 에너지 센터로 녹아 들어가서 야수적인 습성의 분노한 존자들로 나타납니다.

---

32) 특히 밀교불교에서 종교의례를 거행할 때나 명상할 때 사용하는 상징적인 그림이 곧 만다라입니다. 만다라는 인도말로 중심이나 핵심, 본질의 의미를 가지고 있으며 기본적으로 우주를 상징합니다. 즉 신들이 거할 수 있는 신성한 장소이며, 우주의 힘이 응집되는 장소입니다. 인간과의 관계를 살펴보면, 인간(소우주)은 정신적으로 만다라에 '들어가' 그 우주와 결합하는 것입니다. 만다라의 표현에는 여러 차이가 있어도 결국 깨달음의 세계를 여러 상징적인 형상으로 보여주는 '고향으로 가는 지도'입니다.

제4장 56

이들 다섯 부처님들의 마음으로부터 푸른색과 흰색, 그리고 황금색과 붉은색의 네 가지 지혜의 빛이 나타납니다. 이 빛들을 두려워하지 말고 그대로 마음에 담아 두면, 모든 부처님들의 몸과 빛과 광선들이 전부 그대의 심장 속으로 녹아든 뒤 그대는 해탈하게 됩니다. 하지만 이러한 지혜의 빛들과 함께 여섯 가지의 부정한 육도의 빛들도 동시에 나타납니다. 만약 그대가 부정한 육도 윤회의 빛들을 탐착하게 되면, 그대는 윤회의 고해로부터 영원히 벗어나지 못한 채 끝없는 생사의 괴로움을 반복하게 됩니다.

네 가지 지혜의 빛들이 망자를 해탈로 이끌지만 이와 동시에 생전의 업력에서 비롯된 여섯 가지 윤회의 빛이 망자를 유혹합니다.

앞서 살핀 다섯 가지 지혜 가운데 '성소작지'의 녹색빛이 비추어서 망자를 돌보는 일만은 없습니다. 왜냐하면, 망자의 지혜의 능력이 아직 발달하지 못했기 때문입니다. 네 가지 지혜가 나타나는 모양을 살펴보겠습니다.

법계체성지	나오는 곳	비로자나 부처님
	모양	푸른색의 반짝이는 빛은 둥근 고리처럼 나타나며, 명백하고 밝은 것이 마치 거울과 같다. 그 사방에는 비슷한 다섯 개의 '둥근 고리 모양의 빛'이 둘러싸고 있다. 또 각각의 빛 주위에는 더 작은 빛이 둥글게 둘러싸고 있다.
대원경지	나오는 곳	금강살타 부처님
	모양	흰색의 둥근 그릇 같고, 사방에는 둥근 고리 모양을 한 빛의 접시와 더 작은 고리 모양의 접시가 둘러싸고 있다.
평등성지	나오는 곳	보생 부처님
	모양	황금 그릇 같고, 사방은 둥근 고리 모양을 한 빛의 접시와 더 작은 둥근 고리 모양을 한 접시가 둥글게 둘러싸고 있다.
묘관찰지	나오는 곳	아미타 부처님
	모양	붉은 색의 맑고 밝은 것이 마치 아래로 향한 산호색의 둥근 그릇 같고, 그 사방에는 비슷한 다섯 개의 둥근 고리 모양을 한 빛의 접시가 둘러싸고 있다. 각각의 빛의 접시 둘레에도 더 작은 빛의 접시가 둘러싸고 있다.

제4장
57

만약 그대가 일찍이 이 가르침을 받은 적이 없다면, 앞서 부처님 형상들과 청정한 지혜의 빛들을 두려워하고 오히려 부정한 육도윤회의 빛들을 탐착하게 됩니다. 저를 따라 다음과 같이 기도하십시오.

"다섯 가지 독의 업력 때문에 생사를 유전할 때, 다섯 부처님께서는 앞에서 이끄시고, 다섯 부처님 어머니께서는 뒤에서 미시어, 네 가지 지혜가 화합한 광명의 길로 갈 수 있도록, 육도의 부정한 빛에서 구출하소서! 중음의 험한 길에서 구원하소서! 다섯 부처님의 청정한 세계에 가서 태어나길 원하나이다!"

이 때 망자는 오직 간절히 다섯 부처님께 기도해야 합니다.

우리가 길을 떠나기 위해 지도를 보듯 수행을 위해 교학의 힘을 빌리지만 언어에만 얽매여 버린다면 이는 큰 문제가 있습니다. 따라서 티베트 스승들은 선행[善行]과 책 속의 지식이 깨달음을 얻는 데 필요하기는 하지만 흔들리지 않는 믿음(信)과 영적인 깨달음을 최상으로 여기고, 사변적 지식들은 한쪽으로 미루어 놓는 것이 필수적이라고 말합니다. 이와 관련하여 초심자들에게 주어지는 위대한 가르침 중의 하나는 다음과 같습니다. "사변적인 지식만으로 대자유를 얻기는 지극히 어렵지만 믿음을 통해서는 쉽게 얻어진다."

다음의 흥미로운 문답은 믿음에 대해서 다시 생각하게 만듭니다.

> 제자 : 스님, 정토가 실재합니까?
> 스승 : 이 세계가 실재하느냐?
> 제자 : 물론 실재합니다. 스님.
> 스승 : 만약 이 세계가 실재한다면, 정토는 더욱 더 그러하다.

덧붙여 《아미타경(阿彌陀經)》의 시작 구절을 소개합니다.

"부처님께서 장로 사리불에게 말씀하기를, 여기에서 서쪽으로 십만 억의 불국토를 지나서 한 세계가 있는데, 그 이름을 극락정토라고 하느니라. 거기에 부처님께서 계시는데 그 명호(이름)를 아미타불이라 하며, 지금 현재도 그 극락세계에서 설법하고 계시느니라."

제4장
58

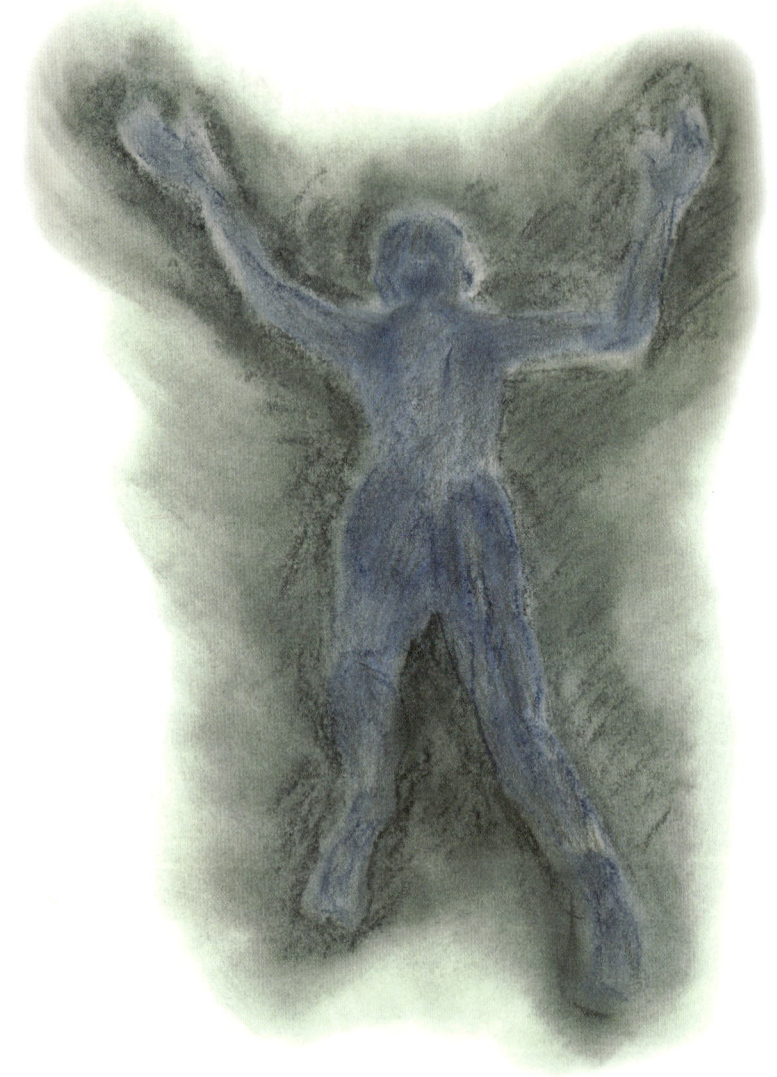

전생의 업력이 두터워 아직 윤회를 벗어나지 못한 그대 망자는 어둠 속을 표류하다가 이제 실상중음의 제7일로 추락하게 됩니다. 이 날에는 지혜를 담당하는 가족의 존자들이 성스러운 정토에서 와서 망자를 이끌 것이며, 분노의 업에 미혹된 축생도의 혼탁한 녹색빛도 동시에 그대를 유혹합니다. 망자께서는 두려워 마시고, 그대의 청정한 의식에서 비롯된 여러 색들과 지혜 존자들을 기쁜 마음으로 맞이하시길 바랍니다.

하지만 아직도 미혹한 망자는 실상중음의 제7일로 떨어지게 되며, 이 날에는 여러 지혜의 존자들이 나타납니다.

어제까지의(제6일) 적정의 존자들은 망자의 심장에서 나오고 내일부터의(제8일 이후) 분노의 존자들은 망자의 머리에서 나옵니다. 그런데 오늘(제7일)의 적정과 분노가 섞인 지혜의 존자들은 망자의 목에서 나옵니다. 여기서 목이 갖는 의미에 주목해야 합니다. 목은 심장과 두뇌를 연결하는 전달고리이며, 말을 하는 통로로써 곧 앎을 상징합니다. 《티베트 사자의 서》의 모든 내용들은 그 의미를 알면 알수록 깊은 이치를 갖고 있습니다.

14일간 계속되는 실상중음의 여행 과정에서 거듭 말씀드리지만 112명의 존자들이 망자의 가슴과 목구멍, 그리고 뇌에서 발출됩니다. 이상의 내용을 도표화하였습니다.

나타나는 장소	나타나는 시기	나타나는 존자의 종류와 총 인원 수	존자들의 특성
가슴 (심륜心輪)	1일 ~ 6일	적정의 존자 - 42분	실상중음의 처음 6일간 나타나는 것은 평화로운 모습의 적정의 존자로서 모두 망자의 심장부에서 비롯됩니다.
목구멍 (후륜喉輪)	7일	적정+분노의 존자 (지혜의 존자) - 10분	7일째 날에는 적정과 분노의 얼굴을 한 존자들이 나타나는데, 이들은 망자의 가슴과 뇌 중간의 목구멍 부위에서 비롯됩니다.
뇌해 (정륜頂輪)	8일 ~ 14일	분노의 존자 - 60분	하지만 8일부터 14일까지는 공포스러운 얼굴의 분노의 존자가 등장하는데, 이들은 망자의 뇌해부에서 비롯됩니다.

제4장
59

지혜의 존자들은 중앙과 동서남북 총 5곳에서 각각의 색을 지니고 여성 존자와 함께 나타납니다. 이 지혜의 존자들은 오른손으로는 금강의 도끼를 높게 쳐들고, 왼손으로는 피가 가득 담긴 사람의 두개골을 수평으로 받쳐 들고 있습니다.
그리고는 번뇌를 없애는 선정의 손 모양을 지으면서 앞으로 춤을 추듯 다가와서 거두고 이끌어 주십니다. 특히 마지막 북쪽에서 나타나는 녹색의 지혜 존자는 반은 성내고 반은 웃는 모습을 띠고 계십니다.

우주의 중앙과 사방의 지혜존자들은 각기 지물과 여성존자들을 안고서 망자를 해탈로 이끌어 드립니다.

지혜의 존자들은 지명(持明)존자로 불립니다. 한자 그대로 밝음, 곧 지혜를 지니었기 때문입니다. 다섯 분 가운데 마지막 나타나시는 분은 초록색 몸을 지닌 채, 반은 성내고 반은 웃는 모습을 띄고 있다고 묘사되어 있습니다.

이는 바로 오늘이 적정과 분노가 섞인 존자들(지혜의 존자들)이 출현하는 날이라는 것을 단적으로 드러내고 있습니다. 그러므로 그들 중간인 제7일째에 나타나는 것입니다. 이들은 밀교에서 망자가 생전에 모시던 스승이 망자의 의식 속에서 현현(顯現)한 모습이라고 합니다. 이름 그대로 지혜의 소유자로서 비범한 힘을 갖고 있으며, 중음의 험난한 경계에서 망자를 보호할 수 있습니다. 다음으로 편지에 묘사된 존자들의 특징을 보겠습니다.

오른손에 들고 있는 금강의 도끼는 한쪽 끝은 절반이 잘린 금강저이고, 다른 한쪽 끝은 약간 동글게 굽은 도끼의 모양입니다. 악업의 분별과 망념을 잘라내는 밀교의 법의 도구입니다. 그리고 왼손에 들고 있는 피가 가득 담긴 사람의 두개골은 온갖 장애를 일으키는 마구니를 없애는 용도로 사용됩니다. 호법이나 본존수호신이 지니고 있는 중요한 물건 중의 하나입니다.

그릇 속에 피를 담으면 생명을 버림을 상징하고, 감로를 담으면 지혜를 상징합니다. 따라서 인간의 해골과 거기에 채워진 피는 윤회의 삶을 포기한다는 의미입니다.[33]

---

[33] 티베트 불교의 의식에 쓰이는 해골 속에 담긴 피는 붉은 액체로 대신하는데, 이것은 천주교 미사에서 피를 대신하여 사용하는 포도주와 비슷합니다.

제4장
60

이들 다섯 방위의 지혜의 존자들 둘레에는 성스러운 곳을 수호하는 헤아릴 수 없이 많은 수의 하늘을 나는 여성 존자들이 나타납니다. 또한 한량없는 수의 용맹한 남녀 장수와 하늘의 전사, 그리고 법을 수호하는 밀교의 용사들이 함께 무량한 수로 출현합니다. 이들은 여러 지물을 들고 있으며, 한량없는 악기를 일제히 울리면서 대지를 진동케 하는데, 그 소리가 너무나 거대해서 머리가 어지러울 정도입니다. 이들은 갖가지 춤을 추면서 올바른 믿음을 가진 자를 맞이해 인도하고 믿지 않는 자는 징벌로 다스립니다.

138 죽음에 부치는 편지

지혜의 존자들 둘레에는 무수히 많은 여성 존자들과 호법신 등이 등장합니다.

'성스러운 곳을 수호하는 헤아릴 수 없이 많은 수의 하늘을 나는 여성 존자들'이 등장하는데, 이 분들은 우주의 음성 법칙인 지혜를 대표합니다. 그리고 자비의 상징인 양성 법칙과 결합함으로써 자비와 지혜가 합일합니다. 이 분들이 수호하는 성스러운 곳이란 부처님의 일대기 가운데 탄생과 열반을 비롯한 중요한 여덟 장소와 윤회의 세계인 삼계 등 상징적인 장소를 뜻합니다. 그리고 뒤이어 등장하는 밀교의 용사들이 가진 특성을 앞서 소개한 대만의 티베트 불교 전문가인 장훙스는 크게 아래와 같은 세 가지의 문답으로 정리하였습니다.

① 왜 무서운 장엄을 하고 있는가?
그들은 생생하게 피를 흘리고 있는 사람 머리와 해골로 된 목걸이를 하고 있습니다. 그리고 모든 악기는 죽은 자의 사지나 시체의 뼈로 만든 것입니다. 이는 환영을 지혜로 승화시키는 시험인 동시에 망자를 도와서 죽음의 공포를 극복하는 방법이기도 합니다.

② 그들의 악기 소리는 어떠한가?
그들은 갖가지 악기를 연주하는데 그 소리는 우주 전체에 퍼집니다. 몸을 흔들고 진동하는 소리는 머리가 아파서 터질 지경입니다.

③ 그들은 왜 춤을 추는가?
그들이 춤을 추는 것은 첫째는 계율이 청정한 수행자를 맞이하기 위해서이고, 둘째는 타락하는 악한 무리를 벌하기 위함입니다.

제4장 61

지혜의 존자들이 가슴에서 내뿜는 오색 빛살은 너무도 눈부셔서 그대는 쳐다보지 못합니다. 또한 지혜의 빛 속에서 법의 소리가 마치 천둥의 천배나 되는 굉음으로 울리는데, 그 중에는 "죽여라!" 하는 소리도 들리고, 또 분노진언의 격노한 소리도 있습니다. 그대는 생전의 업력으로 인해 이 오색 빛살과 소리들을 두려워하고 도리어 축생도의 녹색빛에 빠지게 됩니다. 이 모든 빛과 소리가 그대 내면의 지혜의 씨앗에서 비롯된 것임을 명심하십시오.

> **지혜의 오색 빛살과 그 속에서 들리는 소리가
> 망자를 놀라게 하지만 이 모든 것이
> 망자의 내면에서 비롯된 지혜의 능력입니다.**

본문 가운데 '분노진언의 격노한 소리'라는 말이 나오는데, 분노진언은 밀교에서 삿된 마귀들을 항복시킬 때 사용하는 분노 존자들의 진언을 말합니다. 진언(眞言)은 흔히 다라니(陀羅尼), 또는 만트라(Mantra)라고도 합니다. 이들의 사전적인 의미는 "영적 또는 물리적 변형을 일으킬 수 있다고 여겨지고 있는 발음, 음절, 낱말 또는 구절이다."라고 합니다.

이 진언 수행을 할 때는 큰 소리로 또는 마음속으로만 부르면서 일정시간 계속 반복하기도 하고, 한 번에 끝내기도 합니다. 진언(眞言)은 그 말 자체로 심오한 의미가 내재하며, 영적인 지혜로 여겨집니다. 영적인 지혜의 정수로 여겨집니다. 그러므로 특정 주문을 반복 암송하거나 명상한다면 탈아(脫我)의 경지로 들어가게 되며 높은 차원의 정신적 깨달음에 도달하게 됩니다. 아울러 정신적 깨달음 외에도 심리적이거나 영적인 목적, 예를 들어 사악한 영들의 세력으로부터 자신을 보호하기 위해서도 여러 종류의 진언을 사용합니다.

우리가 《티베트 사자의 서》에 등장하는 어떤 신의 모습을 상상해 시각화하는 것은 곧 그 신의 본질적인 속성을 생각하는 것입니다. 마찬가지로 그 신에 해당하는 진언을 소리 내어 발음할 때에도 역시 같은 효과가 나타납니다. 이는 어떤 신이든 앞서와 같은 원리에 의해서 그에 해당하는 진언을 외면 그 신이 나타나기 때문입니다.

제4장
62

그대 망자께서는 오직 다음과 같이 기도하고 절하십시오. 마음을 하나로 모으면 그대는 지혜의 존자들의 심장 속으로 무지갯빛으로 녹아든 뒤, 반드시 정토에 가서 태어나게 됩니다.

"오늘까지도 해탈하지 못했으니, 나는 얼마나 어리석은가! 바라건대, 지혜의 존자와 용맹한 용사들이 앞에서 이끌어주시고, 하늘을 나는 여성 존자께서 뒤에서 수호해주시어 중음에서 벗어나도록 저를 건져주시고, 다시 성스러운 극락의 땅에 가서 태어나도록 하소서."

> **이때 망자는
> 오직 간절히 지혜의 존자들과
> 여성 존자 및 호법신 등에게 기도해야 합니다.**

편지를 보면, "오늘까지도 해탈하지 못했으니, 나는 얼마나 어리석은가!"라는 구절이 매우 인상 깊습니다. 어려움을 기꺼이 받아들일 수 있다면 문제가 되지 않습니다. 기꺼이 받아들일 수 있다면 그 업만큼은 녹일 수 있기 때문입니다. 하지만 '왜 나한테만 이러한 일이 생기나?' 하고서 불만을 가지면 절대로 업을 받아들이지도 못할뿐더러 녹일 수도 없습니다.

우주의 법칙은 결코 주사위 놀음을 하지 않습니다. 일어날 일은 반드시 일어나게 되어 있는 것입니다. 헛일이란 것이 이 우주에 있을 수가 없습니다. 우리 몸 안에서 한 번 나간 기운은 이 우주에 영원히 남아 있게 되니, 신경질 한 번 낸 것도, 좋은 일 한 번 한 것도 영원히 남아 있는 것입니다. 이렇게 보면 '왜 나한테만 이러한 일이 생기나?' 하고 그 원인을 밖으로만 아무리 돌리고 찾는다 하여도 그 어떠한 도움이 되지 않습니다. 그리고 이런 사고방식을 가진 사람들은 매사에 불만이 가득하고, 화를 잘 내게 됩니다.

이처럼 스스로 반성하지 않는 사람이 어떻게 불보살님의 구제와 가피를 기약할 수 있을까요? 이런 무지하고 양심 없는 중생들에게는 보살님들도 방편으로 화를 낸다고 합니다. 이는 십일면관세음보살님[34]의 성내고 계신 세 면의 존상을 보면 알 수 있습니다.

---

[34] 석굴암(石窟庵)에 계신 관세음보살님께는 11면의 얼굴이 있습니다. 그런데 그 가운데 3면을 화내는 모습으로 표현하고 있습니다. 자비의 상징인 관세음보살님조차 화를 내는 이유는 다음의 3가지 때문입니다. ① 고통스러운 과보를 떠나려 하나 욕심 때문에 오히려 고통을 낳는 행위를 하는 자를 보면 분노하는 것이요 ② 즐거운 과보를 얻고자 하지만 즐거움을 있게 하는 원인을 지을 줄 모르는 자를 보고 분노하는 것이며 ③ 적정한 이치를 구하려 하건만 도리어 산란한 경계에 집착하고 있는 자를 보고 분노하는 것입니다.

제4장 63

실상중음의 처음 7일 동안의 적정의 존자들과 지혜의 존자들에 이어 다음 7일 동안은 분노의 존자들이 나타나게 됩니다. 분노의 존자들은 적정의 존자들이 모습을 바꾸었을 뿐입니다. 그대 망자는 이들의 무서운 모습을 보고 두려움을 일으키기 때문에 인식하기가 어렵지만, 만약 조금이라도 인식하게 되면 또한 쉽게 해탈합니다. 왜냐하면 두려움, 무서움, 공포, 이 세 광경들이 일어남으로써 마음이 분산되지 않고 쉽게 집중할 수 있기 때문입니다.

다음의 7일 동안은 적정과 지혜의 존자가 아닌 분노의 존자가 나타나며, 망자는 반드시 두려움을 버리고 마음을 하나로 모아야 합니다.

이번 편지글의 핵심은 두려움에서 벗어나고자 하는 '간절함'으로 압축할 수 있습니다. 누구나 흔히 '다음에 하지 뭐…'라는 마음을 가질 때가 있습니다. 또는 반대로 '반드시 지금 하지 않으면 안 된다!'는 마음을 가질 때도 있습니다. 이처럼 상반되는 두 마음을 다음과 같이 정리할 수 있습니다.

> ① 유후심(有後心) - 뒤를 생각하는 마음
> ② 무후심(無後心) - 뒤를 생각하지 않는 마음[35]

그리고 어떠한 일을 하는 중간에 현재에 집중하지 않고 과거나 미래의 일로 망상을 피는 경우가 흔히 있습니다. 반대로 화장실이 급할 때, 그 사람 마음속에는 오직 볼 일을 보고자 하는 생각 외에 다른 것이 들어올 틈이 없습니다. 이처럼 상반되는 두 마음은 다시 다음과 같습니다.

> ③ 유간심(有間心) - 사이에 다른 생각이 있는 잡된 마음
> ④ 무간심(無間心) - 다른 생각이 들어오지 않는 한결같은 마음

이처럼 '② 무후심'과 '④ 무간심'을 갖춘다면 살아서건 죽음에서건 기필코 해탈을 기약할 수 있습니다.

---

35) 정토불교에서는 유후심과 무후심을 다음과 같이 설명합니다.
 • 유후심 - 간절하지 않은 나태한 마음으로 정토왕생을 기약하지 않고서 시간의 소중함을 알지 못한 채 늘 게으름을 피우는 마음입니다.
 • 무후심 - 임종을 앞둔 사람이 사업과 처자식을 걱정하지 않고 내세의 양식을 위해 오로지 염불하는 마음을 말합니다.

제4장
64

그러나 밀교수행자들은 비록 제일 낮은 수준일지라도 중음의 여러 존자들을 보자마자 과거에 친숙했던 사람을 만나듯이, 그들과 분리되지 않고 하나로 융합한 뒤 성불하게 됩니다. 이는 생전에 불보살님의 상호를 닦아 익히고 관상하면서 공양하고 찬탄하였기 때문입니다.

또한 하근기의 밀교수행자일지라도 임종 시에는 여러 상서로운 현상 가운데 한 가지는 나타나게 됩니다. 이는 이 가르침이 그만큼 위대한 축복의 파동을 갖고 있기 때문입니다.

> 하근기의 밀교수행자라 할지라도 생전의
> 수행공덕으로 인해 중음에서 여러 존자들을 보고는
> 친숙함을 느끼고 이내 해탈을 얻습니다.

이번 편지글에서 언급된 밀교(密敎 – 비밀불교)에 대해서 살펴보겠습니다. 흔히 현교(顯敎 – 일반불교)와 대비되는 뜻으로 밀교를 받아들이기 쉽습니다. 현재 참선을 중심으로 한 현교수행을 주로 닦는 우리나라에서 밀교는 다소 생소하게 느껴지기도 하지만 사실 우리는 예전부터 밀교의 많은 영향을 받았습니다. 지금 행해지는 다라니기도나 여러 의식 및 사찰의 양식 등을 보더라도 밀교의 영향은 여전히 존재합니다. 어쩌면 우리가 가지고 있는 밀교에 대한 오해를 가장 잘 해소할 수 있는 좋은 말씀을 소개합니다.

"티베트 스승들은 밀교라는 말을 잘 사용하지 않습니다. 밀교는 비밀이라는 뜻이 아니라 다만 근기가 부족한 이들이 그 깊은 뜻을 다 알아듣지 못하고 오해할 여지가 많기 때문에, 근기에 맞추어 소심스럽게 이야기하는 전통을 밀교라고 하는 것입니다. 그래서 진짜 비밀은 없다고들 합니다. 단지 눈을 뜨고도 그 뜻을 알아듣지 못하는 것일 뿐입니다."

아울러 우리가 이 경전의 사상적 배경이 되는 밀교의 가르침은 오직 석가모니 부처님의 시대에만 전해진다고 합니다. 중암 스님은 그 이유를 지금 이 땅에 살고 있는 중생만이 전생의 선업으로 인하여 이 가르침을 만날 큰 인연을 타고났기 때문이라고 전하고 있습니다.

제4장 65

중근기 이상의 밀교수행자로서 밀교의 가르침을 성실히 닦고 본존의 만트라(진언)를 염송하는 등의 수행을 했던 이들은 분노의 존자들을 만나지 않고 그 전의 지혜의 존자와 밀교의 용사들에게 인도되어 정토로 갈 것입니다.

그러한 징표로써 그가 임종할 때에 하늘이 청명하고, 무지개가 뜨고, 광명이 서리고, 꽃비가 내리고, 싱그러운 향기가 감돌고, 하늘에서 천악이 울리고, 죽은 이의 몸에서 광선이 비치고, 사리 등이 나옵니다.

중근기의 밀교수행자들은 뒤의 분노의 존자들을 만나기 전에 실상중음의 첫 7일 안에 해탈을 얻게 됩니다.

과학과 불교는 유사한 측면이 있는데, 진언에 담긴 과학적 원리를 소개합니다. 모든 유기체는 자기만의 고유한 진동수를 갖고 있습니다. 모래알부터 산에 이르기까지 그리고 심지어 행성과 태양까지도 고유한 진동수를 가지고 있습니다. 결국 진언의 음율은 과학에 있어서 진동의 법칙과 같습니다.

세상 만물은 다 끊임없이 운동으로 진동하는 에너지장이고, 자기만의 고유한 진동수를 갖고 있습니다. 물질의 가장 하부단위에서 태양에 이르기까지 각각 고유한 진동수를 가지고 있는 것입니다. 이 진동수를 알게 되면 그것을 신비적으로 사용해 그 유기체를 분해할 수 있게 됩니다.

관세음보살님의 진언에 해당하는 '옴 마니 반메 훔'의 만트라를 외는 것은 관세음보살님과 정신적으로 통신을 주고받는 방법입니다. 일종의 텔레파시로써 인공위성을 띄우거나 안테나 등을 설치해 놓고 TV, 휴대폰 등으로 수많은 교신을 주고받는 것과도 같은 것입니다. 이렇게 소리에서 나오는 힘의 원리를 과학의 실험결과에서 빌리자면, 외부에서 진동계를 진동시킬 수 있는 힘을 가했을 때, 그 고유의 진동수와 외부에서 가해주는 힘의 진동수가 같으면, 그 진동은 심해지고 진폭도 커진다고 합니다.

또 진동체가 서로 연결되어 있는 경우, 양쪽 진동수가 같으면 공명에 의해 에너지를 서로 교환하기 쉽다고 합니다. 결국 우리가 지금 이 자리에서 '옴 마니 반메 훔'을 염송하면 즉시 관세음보살님의 숨결과 하나가 되는 것입니다.

제4장
66

또한 생전에 보리심을 일으키고 공성을 깨닫는 등 상근기의 밀교수행자들은 임종중음에서 청정한 빛을 인지해서 그것과 합일된 뒤 법신을 얻게 됩니다. 따라서 임종중음에서 청정한 빛을 인식해서 하나가 되면 법신을 얻고, 실상중음에서 여러 존자들을 인식해서 하나가 되면 보신을 얻고, 그리고 재생중음의 실상을 인식하면 화신을 얻거나 또는 최하의 경우에는 천상계나 인간계에 태어난 뒤, 이 법을 다시 만나 계속 이어서 공부하여 결국에는 해탈을 얻게 되는 것입니다. 망자 그대는 반드시 이 가르침을 기억해야 합니다.

상근기의 밀교수행자들은 실상중음 전의 임종중음에서 이미 해탈을 얻게 됩니다.

'죽을 때 나타나는 현상들을 관찰함으로써 해탈에 이르는 지침서'라는 제목의 티베트 문헌이 있습니다. 이것은 《티베트 사자의 서》의 보조 책자로 널리 사용되어 왔습니다. 여기서는 죽음의 현상을 과학적으로 무척 자세하게 다루고 있습니다. 위의 지침서의 내용을 간략히 요약하면, 죽을 때 나타나는 외적, 내적 또는 비밀표상 등 죽음과 관련되어 나타나는 모든 현상들을 설명하면서 그 하나하나를 망자가 깊이 인식한다면 실제로 그와 같은 일이 벌어질 때 헤매지 않고 알아차려서 해탈의 길로 인도하는 가르침입니다.

죽을 때 나타나는 현상들 중 가장 대표적인 것은 앞서 살펴본 사대(四大)의 소멸입니다. 따라서 망자가 이 지수화풍(地水火風)의 소멸과정을 비롯한 갖가지 죽음의 징후를 반드시 알아내서 천식법(遷識法 : 의식을 옮기는 법)을 사용한다면 아름다운 정토로 갈 수 있습니다. 이 천식법(의식전이)이 바로 이 경전의 핵심이라고 할 수 있습니다. 즉, 망자가 중음에 있는 동안에 독송을 통하여 망자의 의식을 정토로 이동시키는 것이 최대관건입니다.

티베트 스승들의 가르침에 따르면, 매우 탁월한 능력을 갖춘 수행자들은 죽는 순간과 심지어 환생하는 순간에도 의식을 잃지 않는다고 합니다. 다시 말해, 단 한 순간도 망념의 방해를 받지 않습니다. 하지만 일반인들에게는 죽음의 순간에 그 과정을 단지 기억하는 것만으로도 천식법을 행하는 것과 마찬가지입니다. 왜냐하면, 일단 임종자의 훈련된 마음이 그 과정으로 유도되면 그 즉시 자동적으로 바라는 결과가 이루어지기 때문입니다.

"영적인 성취를 이룬 사람들 또한
처음에는 우리처럼 평범한 사람이었음을 명심해야 합니다.
그들이 우리와 다른 것은 자신의 삶을
깨달음을 이루기 위해 바쳤다는 점입니다.
약간의 수행도 죽음을 맞이할 때 우리에게 큰 도움을 줍니다.
살아 있을 때, 수행을 통해서 궁극의 진리를 잠시라도 볼 수 있다면,
그것은 우리를 평화롭고 기쁜 미래로 나아가게 하는
큰 공덕을 창조할 것입니다.
단순한 명상과 기도도 우리 마음의 깊은 층으로 침투합니다.
왜냐면 죽음의 단계를 거치면서
우리의 마음을 덮었던 허물들이 떨어져나가고
생전의 명상과 기도에 대한 기억이
다시 망자에게 떠오르기 때문입니다."

– 툴쿠 퇸둡

제5장

두 번째 중음
실상중음 – 제8일~제14일

실상중음은 크게 전반부의 7일과 후반부의 7일(총 2주)로
이루어져 있습니다. 앞서 제3장과 제4장에서
전반부의 7일을 살펴보았으며, 이제 제5장에서는
후반부의 7일을 살펴보겠습니다. 이번 장의 핵심은
전반부의 적정과 지혜의 존자들이 분노의 모습으로 변화하여
나타난다는 것입니다. 이를 총 16편의 그림편지와 함께
망자에게 독송해 드려야 합니다.

제5장 67

이제 그대 망자는 앞서 나타난 적정과 지혜의 존자들의 실상을 깨닫지 못하여 여기까지 유랑하게 되었습니다. 지금부터는 분노의 존자들께서 앞으로 다가와서 그대를 거두고 이끌 것이니, 반드시 식별해 인식하고 마음을 흐트러뜨리지 마십시오.
제8일에는 짙은 갈색의 몸을 지닌 큰 영광의 분노한 부처님 아버지께서 지혜를 상징하는 분노한 부처님 어머니와 함께 그대 앞에 나타납니다.

제8일의 분노 부처님은 비로자나 부처님의 변화한 모습입니다.

이처럼 실상중음의 제8일부터 제12일까지 5일 동안은 분노한 부처님께서 등장하시는데, 우선 제8일에 등장하는 '큰 영광의 분노한 부처님 아버지'의 주요한 특징을 표로 요약하였습니다.

부 위	특 징
1. 몸체	세 개의 머리와 여섯 개의 팔, 네 개의 다리를 갖고 있으며, 피부는 갈색이다.
2. 얼굴색	세 개의 얼굴은 각기 다른 피부색을 하고 있다. ① 오른쪽 얼굴 – 흰색 ② 정면의 얼굴 – 갈색 ③ 왼쪽 얼굴 – 붉은색 참고:티베트 불교의 여러 얼굴을 한 신들의 피부색은 일반적으로 성년의 얼굴색과 몸의 주요 색깔이 같다.
3. 소리	큰 소리로 "아라라"와 "으하하", 또는 "쉬!"소리를 낸다.
4. 여섯 개의 팔	오른쪽 세 개의 팔은 법륜과 도끼, 그리고 검을 들고 있으며, 왼쪽 세 개의 팔은 금강령(金剛鈴)과 쟁기, 두개골로 된 그릇을 각각 들고 있다.
5. 부처님 어머니	반려자인 '지혜를 상징하는 분노한 부처님 어머니'가 부처님 아버지를 껴안고 있는 밀교 특유의 쌍수(雙修)의 형식을 보인다.
6. 손으로 피를 마시는 동작	부처님 어머니의 오른손은 부처님 아버지의 목을 감고 있고, 왼손은 피를 담은 두개골 그릇을 받들어서 부처님 아버지의 입으로 가져가고 있다.
7. 머리카락에서 빛을 발산	불꽃같은 금강머리카락은 갑자기 불꽃같은 지혜의 청정한 빛을 발산한다. 이전 실상중음 제1~제6일의 부처님들은 망자의 마음에서 떠오르는 것이고, 빛도 역시 마음속에서 발사하는 것이지만 여덟째 날부터 나타나기 시작한 붓다들은 두뇌를 통해 떠오르고 있기에 빛은 머리카락을 통해 발산된다.

제5장 68

만약 제8일에 깨닫지 못하면, 제9일에는 어두운 푸른색의 몸을 지닌 금강 가족의 분노한 부처님 아버지께서 앞으로 다가와서 그대 망자를 인도합니다. 역시 자비를 상징하는 큰 힘을 지닌 분노한 부처님 어머니께서는 오른손으로 부처님 아버지의 목을 끌어안고, 왼손은 붉은색 조개껍질에 피를 가득 담아서 부처님 아버지께 바치고 있습니다. 이 두 분은 실상중음 제2일의 금강살타 부처님 아버지와 어머니가 변화하여 이루어진 모습이니, 한 번 가려내서 인식하면 즉시 해탈을 얻게 됩니다.

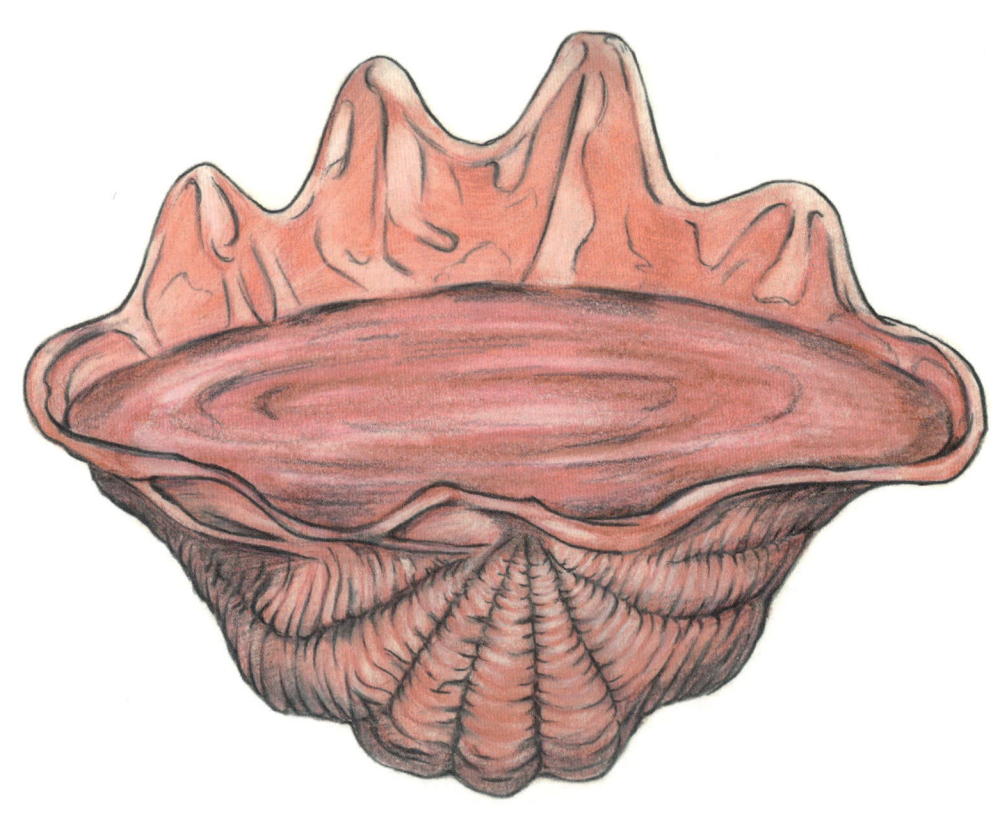

제9일의
분노 부처님은
금강살타 부처님의 변화한 모습입니다.

어제를 포함하여 오늘, 그리고 실상중음의 제12일에 이르기까지 이 5일은 앞서 실상중음 제1일~제5일에 나온 부처님과 동일한 부처님입니다. 부연하면 적정의 모습이었던 부처님께서 분노의 모습으로 그 상(相)이 변화한 것입니다. 도표로 정리하였습니다.

1일. 비로자나 부처님	→ 대영광 부처님이 분노한 모습으로 변화(화신化身)[36] = 8일
2일. 금강살타 부처님	→ 금강살타 부처님이 분노한 모습으로 변화(화신) = 9일
3일. 보생 부처님	→ 보생 부처님이 분노한 모습으로 변화(화신) = 10일
4일. 아미타 부처님	→ 아미타 부처님이 분노한 모습으로 변화(화신) = 11일
5일. 불공성취 부처님	→ 불공성취 부처님이 분노한 모습으로 변화(화신) = 12일

그리고 이와 같은 분노의 부처님 아버지께서는 피를 마시며 등장합니다. 이처럼 피를 마시는 존자들을 티베트어로는 '헤루카'[37]라고 합니다. 이러한 헤루카 역시 망자의 두뇌를 통해 떠오르는데, 명확하면서도 똑똑하게 망자 앞에 나타납니다. 따라서 《티베트 사자의 서》에서 나타나는 헤루카(피를 마시는 존자)는 곧 부처님의 분노한 화신(化身)입니다.

---

36) 9~12일과 다르게 8일에만 이름이 다른 이유(비로자나 / 대영광)는 이 날만 〈비로자나 부처님이 분노한 모습의 화신〉에 5부의 분노의 존자들을 담당하는 근본 대 분노 존자가 합쳐졌기 때문입니다.
37) 이 헤루카는 중국에서는 혁노가(赫怒迦)라고 하는데, 여기서 '가'는 '카'의 음사이고, '혁노'는 한자 의미 그대로 붉고 화가 난 모습이라는 뜻을 갖고 있습니다.

제5장 69

만약 제9일에 깨닫지 못하면, 제10일에는 어두운 황색의 몸을 지닌 보생 가족의 분노한 부처님 아버지께서 앞에 다가와서 보시를 상징하는 큰 힘을 가진 분노한 부처님 어머니와 함께 그대 망자를 인도합니다.

앞과 마찬가지로 3개의 얼굴과 6개의 팔을 갖고 있으며, 4개의 발로 안정되게 서 있습니다. 지물 가운데 금강저는 그대 망자의 번뇌 무명을 깨트리는 힘을 가지고 있습니다.

제10일의
분노 부처님은
보생 부처님의 변화한 모습입니다.

실상중음 제8일~제12일에 나타나는 다섯 분의 부처님께서는 공통적으로 세 개의 왼팔과 세 개의 오른팔을 갖고 있습니다. 그리고 각 팔마다 지물(持物)이 있습니다. 동일한 것도 있고 다른 것도 있지만, 대표적인 몇 가지 지물의 의미를 살펴보겠습니다.

우선, 이번 편지에서도 언급된 밀교의 대표적인 지물인 금강저(金剛杵)입니다. 금강저는 인도 고대의 무기 가운데 하나를 의미합니다. 제석천(帝釋天)이 아수라(阿修羅)와 싸울 때 코끼리를 타고 금강저를 무기로 삼아 아수라의 무리를 쳐부순다고 한 신화에서 그 신비한 힘이 유래되었습니다. 그리고 인도의 여러 신과 역사(力士)들이 이 무기로 적을 항복시킨다고 합니다. 이러한 의미가 이어져 밀교에서는 적을 쳐부수는 의미로 이 무기를 불구(佛具)로 채용하여 여러 존상의 지물(持物), 또는 수행의 도구로 사용하게 되었습니다.

금강저와 쌍으로 등장하는 것이 금강령(金剛鈴)인데, 이것은 여러 부처님을 기쁘게 하고 보살님을 불러 중생들을 깨우쳐 주기 위해 사용합니다. 중국에서는 당나라 때 금강저(金剛杵)와 함께 밀교 수행에서 사용되었습니다.

또한 두개골이 달린 삼지창이 지물로 등장하는 경우도 있는데, 이 삼지창의 꼭대기에 있는 세 개의 머리(이 중 하나는 해골이고, 두 개는 사람 머리)는 각각 탐욕과 분노 및 어리석음을 상징합니다.

제5장 70

만약 제10일에 깨닫지 못하면, 제11일에는 어두운 붉은 색의 몸을 지닌 연꽃 가족의 분노한 부처님 아버지께서 지계를 상징하는 큰 힘을 가진 분노한 부처님 어머니와 함께 앞으로 다가와서 그대 망자를 거두어 인도합니다.

앞과 마찬가지로 3개의 얼굴과 6개의 팔을 갖고 있으며, 4개의 발로 안정되게 서 있습니다. 지물 가운데 방울은 여러 부처님을 기쁘게 하고, 보살님을 불러 중생을 깨우쳐 주는 힘이 있습니다.

제11일의
분노 부처님은
아미타 부처님의 변화한 모습입니다.

　실상중음 제4일의 아미타 부처님께서 지금 제11일에는 분노의 모습으로 변화하여 등장하고 있습니다. 아미타부처님을 믿고 따르는 불교를 정토불교(淨土佛敎)라고 합니다. 그리고 이 정토불교를 말하기에 앞서 우선 종교(宗敎)에 대해서 생각해 봅시다. 종교의 근본이념은 고통 받는 중생들에게 안심과 희망을 부여하는 것이며, 여기에는 현실의 고통과 불안뿐 아니라 죽음이라는 절박한 문제까지도 초월할 수 있는 가르침이 있어야 합니다.

　불교의 여러 가르침 가운데에서도 특히 정토불교가 이러한 종교의 근본이념에 가장 부합한다고 할 수 있습니다. 그 이유를 《무량수경(無量壽經)》의 다음과 같은 경전 구절을 통해 알 수 있습니다.

　"염불하는 사람은 시방에 계신 모든 부처님들께서 보호하고 염려해주시고, 이 세상을 떠날 때는 아미타불께서 극락정토로 인도하러 오신다."

　우리가 깨달음이라는 말을 지상명제처럼 반복하고 있지만 깨달음에 대한 추상적이고 관념적인 틀을 벗어던지고 실제로 깨달음을 느끼고 있는 이들이 과연 얼마나 될까요? 오직 정토불교만이 정토라는 갈 곳을 미리 정해 놓고 모든 수행을 정토왕생으로 회향하기 때문에 고향에 가는 나그네처럼, 어머니 품에 안기는 아이처럼 안심하고 행복하게 눈을 감을 수 있다는 사실을 말씀드리고자 합니다.

제5장 71

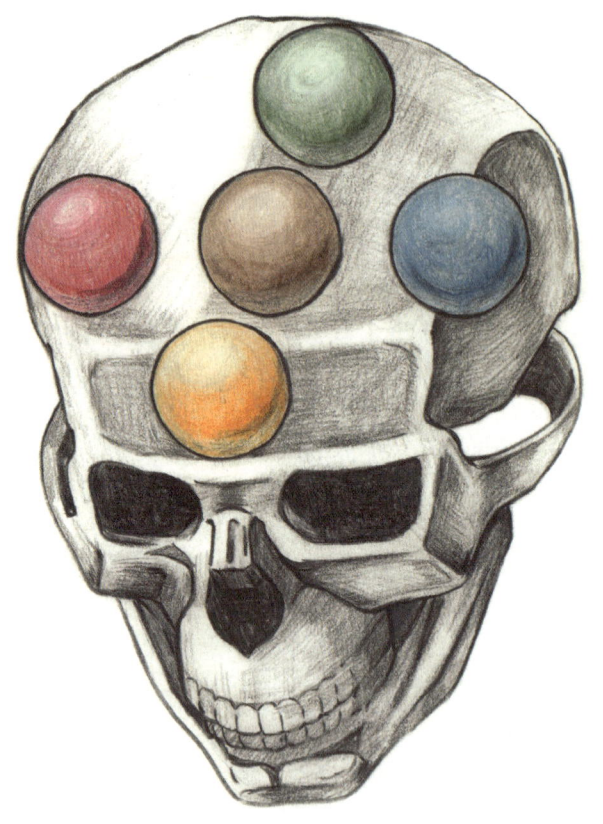

만약 제11일에 깨닫지 못하면, 제12일에는 어두운 녹색의 몸을 지닌 업 가족의 분노한 부처님 아버지께서 인욕을 상징하는 큰 힘을 지닌 부처님 어머니를 비롯하여 사람 머리와 사람 몸을 한 여신들과 동물 머리와 사람 몸을 한 여신들의 옹호를 받으면서 앞으로 다가와서 그대를 인도합니다.

이때는 공포심으로 인해 알아보지 못하고 더욱 두려워하게 됩니다. 하지만 이분들 모두가 그대 뇌의 북쪽에서 나오는 것이며, 그대의 본존이니 무서워하지 마십시오! 그대가 이 가르침을 이해한다면, 그대는 이 존자들이 자신의 본존임을 깨달은 뒤, 본존과 하나로 융합하여 보신의 몸으로 성불하게 됩니다.

제12일의 분노 부처님은 불공성취 부처님의 변화한 모습입니다.

이전(제8일~제11일)과 다른 한 가지는 이 부처님 아버지는 부처님 어머니를 비롯하여 사람 머리와 사람 몸을 한 여신, 그리고 동물 머리와 사람 몸을 한 여신들과 함께 나타난다는 것입니다. 이는 자연스럽게 이후 나타날 존자들의 형상과 연결됩니다. 이상으로 제1일~제6일 그리고 이와 상응하는 제8~제12일의 부처님과 그 위치를 표로 정리하였습니다.

평화의 존자들의 주요 배치도			분노의 존자들의 주요 배치도		
3일 보부 보생여래		4일 연화부 아미타불	10일 보부 헤루카		11일 연화부 헤루카
	6일 보현여래			8일 대영광 헤루카	
2일 금강부 금강살타	1일 불부 비로자나불	5일 업부 불공성취불	9일 금강부 헤루카	8일 불부 헤루카[38]	12일 업부 헤루카

여기서 '헤루카'라는 말 자체가 '피를 마시는 분노한 부처님 아버지'를 함축한 단어입니다. 즉, 오늘에 해당하는 '제12일의 헤루카'는 '제5일의 불공성취불께서 변화하여 피를 마시며 분노한 부처님 아버지'를 의미합니다.

---

38) 제 8일에는 이렇게 중앙과 아래의 두 갈래로 나누어지는 것은 앞서 말씀드린대로 비로자나 부처님의 분노의 화신에 헤루카의 대표가 결합되어서 제 8일에 나타나기 때문입니다.

제5장 72

비유컨대, 지푸라기로 만든 사자의 겉모습만을 잘못 보면 두려움이 생길지라도, 그것을 바르게 알면, 그 실체를 깨달아서 두려움을 여의게 됩니다. 마찬가지로, 지금 하늘처럼 큰 몸집의 피를 마시는 무리들의 실상을 바로 알게 되면, 두려운 마음은 즉시 사라지고 밝은 빛이 망자를 비춥니다.

그리고 이 빛을 통해 스스로 깨닫고서 즉시 해탈을 얻게 됩니다. 만약 이러한 가르침을 받지 못하면 제아무리 선량한 사람일지라도 윤회에서 벗어나지 못합니다.

이 독송을 듣고 실상을 알게 되면 두려운 마음은 모두 사라집니다.

이번 편지글을 쉽게 이해하기 위해 유식(唯識)의 가르침을 빌리겠습니다. 유식에서는 우리가 세상을 바라보는 세 가지 성질을 얘기합니다.

> ① **변계소집성(遍計所執性)**
> '두루 계탁(計度)하여 집착하는 성질'이며, 영어는 'fully conceptualized', 즉 '완전히 개념화되다'라고 직역됩니다. 존재의 허망한 상태를 말합니다.
>
> ② **의타기성(依他起性)**
> '다른 것에 의지하여 일어나는 성질'이며, 영어는 'other dependent', 즉 '다른 것에 의존하다'라고 직역됩니다. 연기(緣起)의 성질을 말합니다.
>
> ③ **원성실성(圓成實性)**
> '원만히 성취한 실재하는 성질'이며, 영어는 'fully accomplished', 즉 '완전히 성취하다'라고 직역됩니다. 존재의 진실한 상태를 말합니다.

밤에 뱀인 줄 알고 놀랐는데 자세히 살펴보니, 노끈임을 알게 되었다는 상황을 예로 들어봅시다. 뱀인 줄 잘못 알고 놀라는 것은 '① 변계소집성'의 상태입니다. 그리고 뱀으로 오해한 것은 그 모습(뱀과 노끈)이 서로 유사성이 있기 때문인데, 이러한 중간 상태의 모습 또는 인연화합의 모습이 '② 의타기성'입니다. 마지막으로 뱀이 아니라 노끈임을 바르게 알게 되어 모든 두려움에서 벗어난 상태가 바로 '③ 원성실성'입니다. 의타기성의 토대 위에서 변계소집성을 벗어나 궁극적으로 원성실성에 이르는 것이 유식의 목표입니다.

제5장 73

이제 실상중음의 제13일에는 분노한 모습의 사람 머리와 사람 몸을 가진 8명의 여신들(가우리)과 역시 분노한 모습의 동물 머리와 사람 몸을 가진 8명의 여신들(피사치)이 망자 그대의 뇌 속의 8방위에서 출현하여 그대 앞에 나타나게 됩니다.

이처럼 8방위의 여신들이 제8일부터 제12일까지의 다섯 쌍의 분노한 부처님의 합체존들을 둘러싼 채 앞으로 다가와 그대를 맞이해 주시니, 두려워하거나 겁내지 마십시오.

제13일에는 가우리 여신이 망자 머리의 여덟 방위에서 나타납니다.

8명의 가우리 여신과 8명의 피사치 여신 모두 실상중음의 후반부에 나타나는 다른 존자들과 마찬가지로 망자의 두뇌로부터 나옵니다. 가우리 여신은 본래 인도 힌두교 시바신의 반려자 중 하나이고, 피사치 여신은 고대 인도의 경전인 《베다》에 나오는 여신입니다. 이들 고대 인도의 여성 신이 티베트에 이르러 《티베트 사자의 서》에서는 분노의 모습을 한 여신으로 변한 것입니다.

표로 정리하면 다음과 같습니다.

1. 가우리 여신 (힌두교의 여신)	모두 고대 인도에서 개별적으로 존재하던 여신들이	→	〈티베트 사자의 서〉에서는 팀을 이룬 분노의 여신으로 망자의 앞에 출현 합니다.	1. 8명의 가우리 여신 = 추운 숲의 여신 = 사람 머리와 사람 몸
2. 피사치 여신 (《베다》경전의 여신)				2. 8명의 피사치 여신 = 시체를 먹는 여신 = 동물 머리와 사람 몸

8명의 가우리 여신과 8명의 피사치 여신은 앞서 살펴본 제8일~제12일에 출현한 5쌍의 분노한 부처님 아버지 어머니의 합체존들을 에워싼 채, 망자의 뇌에서 나오는 것입니다. 즉 망자 스스로가 만들어낸 환영이기 때문에 겉으로 드러나는 모습 때문에 두려워할 필요가 전혀 없습니다.

제5장
74

이어서 8명의 가우리 여신들 뒤편에서 다시 그대 머리 8곳에서 생겨난 8명의 분노하는 피사치 여신들도 출현해서 그대를 거두어 이끌어 줍니다.

이들 8방위의 피사치 여신들도 머리로부터 나와서 제8일부터 제12일까지의 5쌍의 분노한 부처님의 합체존들을 둘러싼 채 다가와 그대를 맞이해 주시니 두려워하지 마십시오. 무엇이 나타나든 전부 그대 망자로부터 나온 모습임을 알아야 합니다.

제13일에는 피사치 여신이 망자 머리의 여덟 방위에서 나타납니다.

　동물 머리와 사람 몸을 지닌 채 분노한 얼굴을 띤 외형적인 모습만을 보고서, 망자는 두려움 때문에 정신을 잃기 쉽습니다. 하지만 오히려 이럴 때일수록 독송을 통하여 망자가 그 실상을 깨닫고 정신을 바짝 차릴 수 있도록 도와주어야 합니다. 망자가 일념(一念)만 할 수 있다면 두려움을 즉시 여읠 수 있습니다. 이처럼 죽을 힘을 다해서(死力) 온 정신을 모으면 어떠한 일이 가능한지를 증명하는 일화를 소개해 드리겠습니다.

　어느 사냥꾼이 어두운 산길을 가는데 마침 활이 부러진 상태였습니다. 그런데 숲 속에서 덩치가 큰 호랑이를 보고는 살기 위해서 활이 아닌 손으로 화살을 던졌는데, 정확하게 박히더라는 겁니다. 이에 놀라서 조심스레 다가가보니, 그것은 호랑이가 아니라 호랑이만한 큰 바위였던 것입니다. 평소 같으면 어림도 없었을 일이 간절한 마음으로 행하였기에 비로소 가능했던 것입니다. 또한 아기가 차에 깔리려 할 때, 어머니가 달려가서 그 무거운 차를 맨손으로 드는 경우도 있으며, 경찰에게 쫓기던 도둑이 몇 미터나 되는 담벼락을 뛰어 넘는 등의 이러한 일들이 다 간절함에서 나온 일들입니다.

　이처럼 죽을 만큼 간절함은 평소보다 열 배의 힘을 생기게 하니, 이를 일러 '사력십증배(死力十增倍 - 죽을 힘을 다하면 평소보다 열 배의 힘이 생긴다)'라고 합니다.

제5장 75

지금까지도 깨닫지 못한다면 망자는 이제 실상중음의 마지막 날인 제14일에 이르게 됩니다. 이 날에는 우선 우주의 네 문을 수호하는 동물 머리와 사람 몸을 가진 네 분의 문지기 여신들이 그대 망자의 머리에서 나와 빛을 비출 것이니, 그대는 반드시 알아차려야 합니다.

이분들을 수호존자 보듯이 해야 합니다. 이들 네 분의 문지기 여신들은 앞서 제8일 ~제12일의 다섯 쌍의 분노한 부처님의 합체존들을 둘러싸며 나타납니다.

제14일에는 우주의 네 문을 수호하는 문지기 여신이 나타납니다.

이들 우주의 네 문을 수호하는 동물 머리와 사람 몸을 지닌 문지기 여신에 대한 경전(티베트 사자의 서)의 구절은 다음과 같습니다.

"그대 두뇌의 동쪽에서는 호랑이 머리에 갈고리를 든 흰색의 여신이 왼손으로는 피가 가득 담긴 두개골을 들고 나타나며, 남에서는 돼지 머리에 밧줄을 든 노란색의 여신이 나타나며, 서에서는 사자 머리에 쇠사슬을 든 붉은색의 여신이 나타나며, 북에서는 뱀 머리에 방울을 든 녹색의 여신이 피가 가득 담긴 두개골을 들고 나타납니다."

앞서 말씀드린 바와 같이 이러한 형상은 티베트 특유의 문화에서 비롯된 것으로 이해하시면 아무 문제가 없습니다.[39] 따라서 이 존자들을 가장 쉽게 떠올릴 수 있는 대상은 바로 사찰의 일주문에 당당하게 서 있는 사천왕(四天王)입니다. 불교에서는 33천(天)의 왕을 제석이라고 부릅니다. 제석은 수미산 꼭대기 도리천 중앙의 희견성(喜見城)에 거주하고 있으며, 그 밑에 수미산의 사방을 지키는 장수들이 있는데 이들이 사천왕입니다.

① 동방 – 지국천왕(持國天王)으로 몸은 흰색이고 비파[40]를 들고 있습니다.
② 남방 – 증장천왕(增長天王)으로 몸은 청색이고 보검을 쥐고 있습니다.
③ 서방 – 광목천왕(廣目天王)으로 몸은 적색이고 보탑을 들고 있습니다.
④ 북방 – 다문천왕(多聞天王)으로 몸은 녹색이고 금강저를 들고 있습니다.

---

39) "짐승은 인간의 여러 속성들을 표현하기 위한 상징물들이다. 사자, 곰, 여우, 올빼미, 앵무새, 독사, 벌레 등과 같은 이름을 인간에게 하나의 별명으로 붙여 보라. 그러면 한 인간의 지배적인 속성을 한 단어로 압축해 표현할 수 있게 될 것이다." - 인류학자 타일러.
40) 지물은 시대와 사찰건립사연 등에 따라 조금씩 차이가 있습니다.

이제는 제14일의 또 다른 여신들로서 '큰 힘을 지닌 28분의 요가 여신들'이 나타납니다. 우선 동남서북에서 각각 여섯 분씩 24분이 계십니다. 동쪽에는 곰 머리 등의 여섯, 남쪽에는 여우 머리 등의 여섯, 서쪽에는 말 머리 등의 여섯, 북쪽에는 염소 머리 등의 여섯 요가 여신들이 그대를 둘러싸고 있습니다.

마지막으로 이들의 바깥쪽에 우주의 네 문을 다시 수호하는 큰 힘을 지닌 4분의 요가 여신들이 계십니다. 이들 총 28분의 큰 힘을 지닌 요가 여신 모두는 앞서의 분노한 부처님 합체존을 둘러싸고 있습니다. 이상의 여신들 모두가 분노의 존자들의 힘에서 생겨난 그들의 화신과 같은 것입니다.

제14일에는 총 28분의 큰 힘을 지닌 여신이 나타납니다.

앞의 편지에서는 제14일에 나타나는 첫 번째 분노의 존자들로서 '① 우주의 네 문을 수호하는 문지기 여신'에 대해 다루었습니다. 이와 함께 이번 편지에 등장한 존자들까지 합하면 다음과 같습니다.

> ① 우주의 네 문을 수호하는 문지기 여신(이전 편지)
> ② 24분의 동물 머리와 사람 몸의 큰 힘을 지닌 요가 여신
> ③ 우주의 네 문을 다시 수호하는 큰 힘을 지닌 요가 여신

그리고 이러한 여러 존자들에 대해서 거듭 말씀드리지만 반드시 유념해야 할 것은 다음과 같습니다. 첫 번째로 망자의 업에 의해서 나타나는 환영이라는 점과 두 번째로 그 존자들의 외형적인 모습에 주목할 것이 아니라 상징하는 바가 무엇인지를 유념해야 합니다. 하나의 예를 말씀 드리겠습니다.

'② 24분의 동물 머리와 사람 몸의 큰 힘을 지닌 요가 여신' 가운데 18번째로 등장하는 여신(녹색의 사슴 머리를 한 여신이 손에 항아리를 들고 나타납니다.)의 이름은 '수재(守財) 여신'입니다. 말 그대로 재물을 지키는 여신이라는 의미이며, 항아리는 재물을 담는 것을 상징화한 것입니다. 결국 실상중음에서 등장하는 존자들은 기본적으로 모두 망자의 의식(업)에서 비롯된 것이며, 그 업에 상응하는 모습들이 그 상징들을 지닌 채 나타나는 것입니다. 따라서 그 모습들은 사람마다 모두 같을 수는 없습니다.[41]

---

41) 즉 우리가 현실에서나 꿈에서나 다 같은 경험을 하는 게 아니듯이 사후세계에서도 마찬가지입니다. 이 경전은 망자가 사후에 겪는 온갖 경험들 중 대표적이고 의미 있는 경험만을 기록하고 있는 것입니다.

제5장
77

법신 부처님의 텅 빈 성품에서 42분의 적정의 존자들이 나타나며 또한 법신 부처님의 자비 지혜의 빛으로부터 58분의 분노의 존자들이 나타나는 것임을 깨달아야 합니다. 만약 그와 같이 깨닫지 못하면 그대는 그들을 두려워하여 달아나게 되고, 다시 윤회의 고통을 받게 됩니다.

이들 존자들의 신체 가운데 큰 것은 광대한 허공과 같고, 중간은 수미산만 하고, 작은 것 또한 그대 몸을 열여덟 개 포개 놓은 정도로 큽니다. 모든 존자들의 실상이 곧 그대 망자의 마음임을 깨닫는다면, 그들과 하나가 되어 해탈을 얻게 됩니다.

적정과 분노의 존자들의 거대한 몸의 크기에 겁낼 필요가 없습니다.

이번 편지에서는 42분의 적정의 존자들과 58분의 분노의 존자들이라는 구절이 있습니다. 이왕 존자들의 수가 나온 마당에 실상중음 총 14일 동안 등장하는 존자들의 수와 종류를 정리해 보는 시간을 갖도록 하겠습니다.

우선, '① 적정의 존자 42분'과 '② 분노의 존자 58분'은 이전까지의 편지를 통해 다루었습니다.[42] 그리고 바로 다음(78번째)에 대흑천과 염라대왕, 이렇게 2분의 분노의 존자가 더 등장합니다. 따라서 분노의 존자는 총 60분입니다. 또한 이번 편지에 생략된 제7일에 나타나는 '③ 지혜의 존자 10분'까지 합치면 총 112분의 존자가 됩니다. 이 분들을 간략히 정리하였습니다.

적정의 존자(42분) 제1일~제6일	1. 5방위 부처님 아버지와 어머니(10분) 2. 부처님 아버지와 어머니와 함께 나타나는 남녀보살(16분) 3. 보현 아버지와 어머니(2분) 4. 육도불(6분)과 사방을 지키는 남녀 존자(8분)
지혜의 존자(10분) 제7일	1. 5방위의 지혜의 존자들과 그 반려자들(10분) 　참고: 이때 나타나는 무량한 호법신들은 제외
분노의 존자(60분) 제8일~제14일	1. 5방위 부처님 아버지와 어머니(10분) 2. 8방위의 가우리, 피사치 여신(16분) 3. 문지기 여신(4분) 4. 네 방위의 큰 힘을 지닌 요가 여신(24분) 5. 문을 수호하는 큰 힘을 지닌 여신(4분) 6. 대흑천과 염라대왕(2분)

---

42) 여기까지 총 100분이 됩니다. 중음 세계의 신들을 그린 탱화를 한역(漢譯) 서적에서는 '중음문무백존(中陰文武百尊)'이라고 합니다. 여기서 '문'은 적정의 존자를 가리키고, '무'는 분노의 존자를 가리키는데, 42분의 적정의 존자와 58분의 분노의 존자를 더하여 백분입니다. 여기에서는 본문에서 언급한 제7일의 지혜의 존자 10분과 더불어 실상중음 제 14일에 마지막으로 등장하는 대흑천과 염라대왕 두 분을 생략한 것입니다. 따라서 정확히는 100분이 아니라 112분이 실상중음에 등장하는 존자들의 정확한 수(數)임을 알아야 합니다.

제5장
78

그 어떤 두렵고 무서운 광경들이 나타날지라도 그것이 자기 마음에서 비롯된 것임을 깨닫도록 하십시오! 성인들께서 말씀하신 "한 순간에 성불한다"는 가르침이 지금 이 순간 그대 망자에게 일어나게 됩니다.

만일 그대가 이것을 깨닫지 못한 채 두려워하게 되면, 적정의 존자들은 모두 무서운 대흑천의 모습으로 나타나고, 분노의 존자들은 모두 염라대왕의 모습으로 나타납니다. 그래서 자기 식의 변화는 또 다시 염라대왕의 옥졸 등과 같은 실체가 없는 환영들을 이루어서 그대를 두렵게 하여 윤회 속에 유랑하게 됩니다.

그 이치를 깨닫는다면
한 순간에
성불하게 됩니다.

편지의 분량 관계상 부득이 이번 78번 편지에서는 경전의 해당 전체 내용을 다소 생략 하였습니다. 나머지 전문[43]을 소개하면 다음과 같습니다.

"그대가 실상중음을 거치면서도 그 모든 환영들이 그대 스스로 만든 것임을 깨닫지 못하면 즉시 염라대왕의 옥졸들이 나타납니다. 그들 중 가장 큰 것은 광대한 허공과 같고, 중간은 수미산 정도가 됩니다. 이들은 윗니로 입술을 물어뜯고, 눈알은 유리알처럼 번뜩거리며, 머리칼은 머리 위로 질끈 동여매고, 손에는 업들을 기록한 장부를 들고서, 입으로 "죽여라!"하고 크게 외쳐댑니다. 골수를 마시고, 머리와 몸뚱이를 분리하며, 내장과 심장을 끄집어냅니다. 그와 같은 흉측한 모습들이 세상을 온통 뒤덮으며 나타납니다.

그와 같은 모습들이 나타날 때 그것을 두려워하지 마십시오! 지금 그대의 몸은 의식으로만 이루어진 의식체인 까닭에, 설령 죽임을 당하는 것처럼 느껴질지라도 실제로 죽는 법이 없습니다. 그대의 몸은 실체가 없으므로 두려워할 필요가 없습니다. 옥졸들 또한 그대 마음에서 출현한 것이므로 실재하는 존재가 아닙니다. 즉 거짓의 존재인 그들이 텅 빈 성품의 그대를 해치지 못합니다. 그와 같이 깨달으면 모든 두려움과 공포들이 그 자리에서 소멸한 뒤, 그들과 하나로 녹아들어 성불하게 됩니다."

---

[43] 경전 《티베트 사자의 서》의 원문 전체에 중점을 두고 읽고 싶으신 분께는 시중에 나와 있는 《티베트 사자의 서》 관련 여러 책들 가운데 중암스님이 역주한 《완역 티베트 사자의 서(정우서적)》와 족첵 폰롭 린포체가 저술한 《티베트 사자의 여행 안내서(정신세계사)》를 추천합니다.

제5장 79

지금까지 제가 일러드리는 이 경전의 가르침을 진실하게 이해했다면, 그대 망자는 정성을 다하여 삼보에 귀의하고 수호신들을 관상해야 합니다. 아울러 부처님의 명호를 생각하면서 다음과 같이 기도해야 합니다.

"자비의 성인이시여, 중음에서 표류하는 저를 건져 벗어나게 하소서."

다음으로는 입으로 스승의 법명을 염하면서 다음과 같이 기도해야 합니다.

"스승의 특별한 은혜로 저를 영원히 버리지 말기를 바라나이다."

망자는
오직 삼보에 귀의하고
부처님의 명호를 염해야 합니다.

편지에 표현된 '스승의 법명'에 대해서 생각해 보겠습니다. 생전에 직접 가르침을 받은 스승이 계시다면 그 분의 법명을 간절히 염하면 될 것입니다. 하지만 그렇지 않다면, 그런 사람들에게 있어 최고의 스승은 과연 누구일까요? 지혜와 자비를 구족하신 부처님이 아닐까요? 그렇기 때문에 부처님을 천인사(天人師 : 하늘과 인간의 스승)라고 합니다.

앞서 말씀드린 바와 같이 여러 부처님 가운데 자신만의 본존불을 정하는 것이 좋습니다. 아미타불을 본존불(스승)로 모신 한 수행자의 일화를 소개합니다. 이 수행자가 위대한 명상 스승을 찾아가 깨달음을 얻는 수행법에 대해서 알려달라고 하였습니다. 그러자 그 스승은 오직 이렇게 말했습니다.

"그대는 먼저 날마다 100번씩 '나무아미타불' 염불을 외워야 한다. 그런 다음에 그것을 200, 300번으로 계속 늘려나가라. 계속해서 더 많이 염불을 외운다면, 그대가 무엇을 하든 자신의 호흡 속에 아미타불의 이름이 머물고, 마음으로 그 존재를 느낄 때가 올 것이다.

그렇게 된다면, 그대가 세상을 떠날 때 아미타불의 이름과 그 존재를 그대와 하나처럼 느끼면서 죽을 것이다. 그리고 그대가 세상을 떠나자마자 생전에 쌓아놓은 공덕과 아미타불께서 내린 축복, 그리고 그대의 헌신적인 자세 덕분에 아미타불의 극락정토에 가게 될 것이다. 그대의 미래는 평화롭고 행복할 것이며, 그대는 수많은 사람들의 행복의 원천이 될 것이다."

제5장
80

마지막으로 실상중음의
제8일부터 제14일까지 나타난
일체의 분노의 존자들을 믿고
즐거워하면서 그들에게
기도해야 합니다.
정성을 다하여 이렇게 기도하면,
일체의 공포가 자연히 소멸되어서
의심할 바 없이 보신의 불도에
깨달아 들어가게 됩니다.
다음에 일러드릴 기도문을
세 번에서 일곱 번까지
일심(一心)으로 낭송하는 것이
지극히 중요하니
명심하고 잊어선 안 됩니다.

망자가 간절히 기도하면
그 기도의 힘으로
보신으로 성불하게 됩니다.

비록 두터운 악업을 지닌 사람일지라도 염불수행을 한 이는 상품(上品)이 아닌 하품(下品)에 왕생할지언정, 그 수행의 공덕과 힘은 생을 초월하여 즉 중음에서도 결코 사라지지 않습니다. 염불 수행에 있어 그 핵심을 매우 간결하게 설명한 가르침을 소개해 드립니다.

이 가르침은 중국에서 아미타 부처님의 화신이라 칭송받으며 선불교와 정토불교의 스승으로서 선정겸수(禪淨兼修)사상을 널리 펼치셨던 영명스님께서 설한 가르침입니다. 스님은 '사료간(四料簡 : 네 수의 게송)'을 지어서 널리 정토법문을 알리셨습니다. 그 가르침은 다음과 같습니다.

"① 참선수행도 하고 염불수행도 하면 이는 마치 뿔 달린 호랑이같이 현세에선 큰 스승 되고 내세에선 부처나 조사가 되리라.

② 참선수행을 전혀 하지 않더라도 염불수행을 열심히 하면 만인이 닦아 만인이 극락왕생 하나니 다만 극락에 왕생하여 아미타불 친견하기만 한다면 어찌 깨닫지 못할까 걱정하리오.

③ 참선수행만 닦고 염불수행을 닦지 아니하면 열에 아홉은 잘못된 길로 떨어지게 되나니, 선정 중 또는 몸을 바꿀 때 망경계(妄境界)가 나타나면 잠깐 사이에 본심 잃고 흘러 따라가 버리리.

④ 참선수행과 염불수행 모두 닦지 않는다면 지옥의 쇠 침대에 누워 불타는 구리 기둥 껴안게 되리니 이런 사람들은 만겁이 지나고 천생이 지나도록 믿고 의지할 사람 하나 만나지 못하리라."

제5장
81

"생사를 유전하는데 빛이 찬란하게
길을 비추어서 공포를 없애주네.
적정과 분노의 존자들이
앞에서 이끌어주시고,
또한 저를 수호하시어 부디
중음의 함정을 안전하게 건너게 하고
나아가 깨달음의 경지를 성취케 하네.
가까운 이와 벗들을 저버리고
터덜터덜 홀로 걸을 때,
텅 빈 성품의 외로운 몸으로
오로지 바라노니
부처님이시여!
이 중음에서 두려움이나 공포가
생기지 않도록 하시고
다섯 가지 지혜의 빛이
찬란하게 비추고 있을 때,
바라옵나니 이 빛들을 능히 식별해서
두려움도 공포도 없게 하소서."

적정과
분노의 존자들께
귀의합니다.

수행에는 믿음이 기본이 되어야 합니다. 따라서 앞의 설명에 이어지는 내용으로써 염불수행에 바탕이 될 '극락왕생 발원 염불의 열 가지 믿음', 즉 정토십신(淨土十信)을 소개해 드립니다.

> ① 산 자는 반드시 죽음을 믿는다 - 信生必有死
> ② 사람 목숨 덧없음을 믿는다 - 信人命無常
> ③ 윤회의 길 험난함을 믿는다 - 信輪回路險
> ④ 악도의 고통은 긴 시간임을 믿는다 - 信苦趣時長
> ⑤ 부처님 말씀은 헛되지 않음을 믿는다 - 信佛語不虛
> ⑥ 진실로 극락정토가 있음을 믿는다 - 信實有淨土
> ⑦ 왕생을 원하면 곧장 왕생함을 믿는다 - 信願生卽生
> ⑧ 왕생하면 결코 후퇴하지 않음을 믿는다 - 信生卽不退
> ⑨ 한 번의 생애에 부처님이 됨을 믿는다 - 信一生成佛
> ⑩ 법문의 근본은 오직 마음임을 믿는다 - 信法本唯心

"서쪽으로 기운 나무는 결국 서쪽으로 기운다."는 가르침이 있습니다. 즉 생전에 서쪽(극락정토)에 마음을 두고 살아온 사람과 그렇지 않은 사람의 결과는 극명하게 다를 것입니다. 원효성사의 임종 시에 간절한 열 번의 염불로 반드시 정토에 왕생할 수 있다는 가르침은 사실 생전에 꾸준히 염불을 하라는 진의(眞意)가 담겨 있는 것입니다. 생전에 전혀 염불을 하지 않은 이가 어떻게 죽는 순간에 열 번, 아니 단 한번이라도 염불을 할 수 있을까요.

제5장 82

"성스러운 적정의 존자와 분노의 존자가 앞에 나타났을 때,
두려움 없는 확신으로 중음을 명료히 깨닫게 하시고,
악업에 이끌려서 온갖 고통을 맛 볼 때 그 고통을 소멸하소서.
실상의 근본 소리가 천 개의 우레처럼 우르릉거릴 때
바라노니, 그 소리가 '옴 마니 반메 훔!'으로 바뀌게 하시고,
관세음보살님이시여, 고통 받는 저를 가엾이 여기어 수호하여 주옵소서.
악업에서 생긴 고통을 밝은 빛에 의지해 없애고 즐거움을 얻게 하시고,
저 지수화풍공의 오대가 원수가 되지 않도록 하시고
다섯 부처님의 존귀한 깨달음의 땅에 들어가게 하소서."

관세음보살님께 귀의합니다.

　이것으로 총 14일(2주)에 걸친 망자가 겪게 되는 실상중음을 모두 마쳤습니다. 이어서 앞으로 사후 49일까지 이어지는 재생중음에서도 마찬가지지만 지금껏 살펴본 실상중음에서 망자에게 나타나는 모든 환영들은 실제로 존재하는 것이 아닌 수차례 강조했듯이 망자의 생전 '업의 환영'임을 기억해야 합니다. 이를 상기시키는 툴쿠 퇸둡 린포체의 좋은 게송을 소개합니다.

　"우리를 통제하는 육체적인 구조는 더 이상 없다.
　우리가 가진 부정적인 습관들은 망상과 두려움의 세계로 나타난다.
　우리가 가진 긍정적인 습관들은 평화와 기쁨의 세계로 나타난다.
　따라서 우리는 선한 마음을 일으키고 유지해야 함을 기억해야 한다."

　또한 우리는 생전에 죽음의 징후에 대해 미리 알고 있어야 하며, 그것을 떠올리면서 반복해서 '죽음의 순간에 나는 부정적인 감정에 절대로 빠지지 않을 거야.'라고 다짐해야만 합니다. 인간은 누구나 육체를 버리고 죽음을 경험해야만 합니다. 그러므로 죽음이 다가왔을 때 그 죽음을 올바르게 맞이하는 법을 아는 것은 더 없이 중요한 일입니다. 《우파니샤드》[44]가 선언하는 것처럼, 깨달음에 이르지 못한 자는 영원히 죽음에서 죽음으로 이어지는 길을 걸을 수밖에 없음을 기억해야 합니다.

---

44) 가장 오래된 힌두 경전인 베다를 운문과 산문으로 설명한 철학적 문헌들을 말합니다.

"새로운 행선지의 도착은 언제부터 시작될까?
그것은 비행기를 탈 때부터인가, 아니면 비행기가 이륙할 때부터인가?
아니면 그보다도 더 이전에, '아, 난 인도에 가고 싶어.
지금도 인도가 눈에 선해…' 하면서 여행에 대한 생각에
처음으로 마음의 눈을 돌렸을 때일까?
행선지에의 착륙은 그 장소의 현상들이
마음속에서 지배적인 위치를 차지할 때 실제로 시작된다.
반면에 이전에 살았던 고향의 현상들은 점점 어렴풋하고 희미해진다.
그곳의 광경과 거기에 살던 사람들에 대한 생각은 흐릿해지고
떠오르는 빈도도 줄어든다.
이것이 일어나는 시점은 여행자마다 다르다.
어떤 사람에게는 비행기에 오르자마자 일어난다.
다른 사람들에게는 이 전환과정이 힘들어서
다음 행선지(중음)에 도착하고 나서도
떠나온 곳(이승)에 대한 미련을 떨치지 못한다."

- 족첸 폰론 린포체

제6장

세 번째 중음
재생중음 – 여러 환영들

이제 망자는 임종중음(제2장)과 실상중음(제3~제5장)을 지나
마지막 중음인 재생중음으로 들어가게 됩니다.
재생중음은 크게 두 부분으로 나눌 수 있습니다.
재생중음의 전반부는 망자가 겪는 환영들을 대표적으로 정리한
일곱 가지의 환영들이 중심을 이룹니다.
그리고 후반부는 재생중음이라는 이름 그대로
다시 태어나는(윤회) 과정이 담긴 내용입니다.
이번 제6장에서는 재생중음의 전반부에 해당하는 과정을
22편의 그림편지와 함께 살펴보겠습니다. 이제 마지막 중음에 이른
망자를 위해 자비로운 독송을 시작하겠습니다.

제6장 83

그대는 앞서 실상중음에서 여러 존자들의 실상을 깨닫지 못하고 두려워하다가 혼미에 빠져 이제 다시 깨어나게 되었습니다. 혼절해서 깨어나면 의식은 원래 상태로 돌아오고 그대의 몸은 의생신이 되었습니다. 이 의생신을 정리하면 다음과 같습니다.

"의생신은 내생의 몸과 똑같은 형태이고, 감각기관을 모두 갖추고, 걸림 없이 다니며, 업에서 생긴 신통력을 지니며, 비슷한 성질을 가진 사후 세계 존재들을 서로 볼 수 있으며, 또한 이승에서도 순수한 하늘의 눈을 가진 자는 그 몸을 볼 수 있다."

이제 망자는 재생중음에서 의생신의 상태가 됩니다.

실상중음에서 망자의 몸인 의생신과 지금 재생중음에서의 의생신의 가장 큰 차이는, 우선 업력이 미치는 영향력이 재생중음이 보다 크다는 것입니다. 그리고 재생중음에서의 의생신은 내생에 태어날 몸을 느끼게 된다는 점을 들 수 있습니다. 또한 재생중음의 의생신은 여러 가지 신통력을 갖게 되는 바 이 점은 앞으로 설명해 나가도록 하겠습니다.

의생신의 뜻을 풀이하면, 의생신(意生身)이라는 한자의 의미처럼 '뜻(생각, 의식, 마음)이 낳은 몸'이 곧 의생신입니다. 여기에 몸(身)을 넣어 의생신이라 부르는 이유는 의식으로만 있던 상태에서 눈으로는 보이지 않지만 업에 따라 서서히 몸의 형태를 띠기 때문입니다.

의생신이 내생의 몸과 똑같다는 것은 망자의 몸이 미래에 태어날 곳의 몸으로 서서히 변화해 간다는 의미입니다. 또한 이러한 의생신은 중음에서 7일마다 작은 죽음을 한 번씩 겪으면서 업력으로 받는 몸을 말합니다.

그리고 이 몸(의생신)에도 부처님과 같은 상호가 있고, 몸에는 광명이 있다고 합니다. 이는 아직도 망자가 해탈할 수 있다는 것을 상징합니다. 결국 실상중음을 지나 재생중음에 이르게 된 망자의 상태는 육체에서 완전히 이탈하여 떠돌아다니던 의식이 응집된 '의생신'이 됩니다.

제6장 84

그대가 윤회에서 벗어나고 싶다면 그대 마음의 본래 성품인 무집착의 상태에 머물러야 합니다. 그럼으로써 그대 망자는 자궁에 들어가지 않고 해탈에 이르게 됩니다. 만약 이것을 깨닫지 못하면 그대의 수호신과 스승님을 믿고 그분들에 대해 명상해야 합니다. 그분들께서 그대의 정수리에 자비의 그늘을 드리우는 것처럼 관상해야 합니다. 산란함이 없이 닦도록 하십시오.

이때 망자는 무집착의 상태에 머물러야 합니다.

편지의 마지막 부분에 '정수리에 자비의 그늘을 드리우다'라는 표현이 있습니다. 이와 관련하여 최근 국내 사찰에서 종종 행해지는 마정수기(摩頂授記)와 관정(灌頂)에 대해 살펴보겠습니다. 우선 마정수기입니다. 몇몇 사찰에서는 린포체와 같은 큰스님을 모시고 마정수기 등을 한다는 명목으로 큰 법회를 열고는 합니다. 하지만 결론부터 말씀드리면 티베트 불교에서는 마정수기가 없다고 합니다. 이에 대해 인도 다람살라에서 20년 넘게 수행하시는 청전스님은 다음과 같이 문제점을 짚었습니다.

"마정수기는 원래 부처님이나 보살님께서 '그대는 미래에 무엇이 되리라'고 예언하면서 제자의 정수리를 어루만진다는 뜻입니다. 그리고 티베트에서는 큰스님들이 제자나 신도들의 머리를 만져주는 의식이 있어요. 이것은 마정수기가 아니라 일상생활 속의 축복의식일 뿐입니다. 이게 한국에서 마정수기로 둔갑한 것입니다."

또한 수계식을 보면 아직까지는 여러 사찰에서 연비(燃臂)를 많이 합니다. 하지만 부처님 재세시의 수계식은 연비가 아닌 관정이었습니다. 제가 율원에 재학하던 시절부터 송광사 율원에서는 재가불자의 수계식을 연비에서 관정으로 바꾸어 좋은 평을 받고 있습니다. 무엇이 옳고 그르다는 것을 말하고자 하는 것이 아닙니다. 적어도 불자(佛子)라면, 최소한 부처님 법을 공부하고 수행하는 사람이라면 지금 행하는 의식이 과연 법에 합당한 의미와 의식을 지니고 있는지에 대해서는 제대로 알고 있어야 한다고 믿기 때문입니다.

제6장
85

이제 망자인 그대가 처한 의생신의 상태에 대해서 하나하나 일러드리겠습니다. 앞서 '감각기관을 모두 갖추었다'는 것은 그대가 생전에 비록 몸이 불편했을지라도 지금 중음의 상태에서는 모든 감각기관들이 결함이 없이 온전하다는 의미입니다.

이어서 '걸림 없이 다닌다'는 것은 어머니의 자궁과 부처님께서 성도하신 보드가야를 제외하면, 설령 그것이 수미산일지라도 막힘없이 관통할 수 있다는 의미입니다.

재생중음에서의 의생신은 모든 감각기관을 완벽히 갖춘 몸입니다.

비록 의생신이 완전한 몸을 갖추고 신통력으로 어느 곳이든 도달할 수 있다고 말하지만, 두 곳만은 갈 수가 없습니다. 표로 정리하였습니다.

1. 어머니의 자궁	재생할 때 반드시 거쳐야 하므로 탄생의 업력이 응집된 장소이기에 통과하지 못합니다.
2. 부처님께서 성도하신 보드가야의 깨달음의 자리	이곳은 위대한 힘의 중심지로서, 부처님께서 깨달은 곳이기 때문입니다. 즉 지혜의 광명이 깃든 곳이므로 통과하지 못합니다.

아울러 이 두 곳은 사람을 혼란스럽게 하는 빛을 발산하고 있어서 정신력이 평범한 사람은 자신이 마치 중음 세계의 여러 빛이 나타나는 상황에 놓인 것 같은 극도의 고통을 느끼고 교란을 받기 때문에 도달하지 못합니다.

이러한 의생신의 특징을 총괄적으로 정리하면 다음과 같습니다.

① 실질적인 몸이 아니다	재생중음의 몸은 실체가 있는 몸이 아니고 일종의 의식으로 형성된 몸입니다.
② 감각 기관의 지각을 갖추고 있다	의생신에는 감각 기관이 있어서 차가움, 뜨거움, 고통, 쾌락 등을 느낄 수 있습니다.
③ 미래에 투생할 광경을 느낄 수 있다	의생신은 장차 투생할 곳에 따라서 미래의 형체 있는 몸을 느낄 수 있습니다.

제6장
86

이어서 '업에서 생긴 신통력을 지닌다'는 것은, 지금 그대가 가지고 있는 신통력은 깨달음의 공덕과 선정에서 생긴 신통이 아니며, 중음에 갖추어져 있는 업력의 성품 때문입니다. 그대는 한순간에 사대주와 수미산을 함께 돌 수 있으며, 원하는 장소를 단지 생각하는 것만으로 그 즉시 도달하게 됩니다. 하지만 이런 갖가지 신통력을 결코 탐내지 말고 갈구하지 마십시오. 이것이 재생중음임을 깨달아야 합니다.

또한 의생신은 중음의 업력으로 인해 신통력을 갖게 됩니다.

세상에서는 신통력을 일상을 초월한 불가사의한 것으로 보지만, 사후의 세계에서는 아주 일반적인 능력입니다. 세상 사람이 신통력을 갖추기 위해서는 심오한 요가 수련을 해야 하지만 중음 세계의 의생신은 요가 수련 없이도 이러한 신통력을 갖추고 있는데, 이는 업력의 작용으로 자연스럽게 생긴 것입니다.

우리가 인간의 몸으로 수행을 통해서는 천안통을 비롯한 여섯 가지의 신통력[45]을 얻을 수 있다고 합니다. 어떤 분들은 불교를 신통력과 연관시켜 이해하거나 심지어 신통력을 닦으면 부처님이 된다고 잘못 생각하는 경우도 종종 있습니다. 하지만 이는 결코 옳은 생각이 아닙니다. 이와 관련한 좋은 예를 소개하겠습니다.

부처님께서 수행자의 위치에서 도를 깨닫기 전에 가장 방해를 놓은 자가 바로 마왕(魔王) 파순입니다. 우리는 마구니의 왕이라고 해서 마왕이라고 하지만 실제로 여섯 가지 신통력 가운데 누진통을 제외한 나머지를 모두 갖춘 굉장한 능력자였습니다. 하지만 가장 중요한 신통력인 번뇌를 없애는 누진통을 갖추지 못한 결과 다른 5신통이 오히려 나쁜 목적으로 사용되어 마구니의 왕, 즉 마왕이 되어 버립니다.

불교 경전에도 "소가 물을 마시면 우유가 되지만, 뱀이 물을 마시면 독이 된다."와 같은 말씀이 있습니다.

---

45) ① 천안통(天眼通) - 모든 것을 보는 능력
　　② 천이통(天耳通) - 모든 것을 듣는 능력
　　③ 타심통(他心通) - 타인의 마음을 읽는 능력
　　④ 신족통(神足通) - 어디든지 가고자 몸을 자유롭게 변화시키는 능력
　　⑤ 숙명통(宿命通) - 자신과 남의 전생을 아는 능력
　　⑥ 누진통(漏盡通) - 번뇌가 사라지는 능력

제6장
87

이어서 '비슷한 성질을 가진 사후 세계 존재들을 서로 볼 수 있으며'라는 것은, 사후세계에 머무는 동안에는 비슷한 성질과 지적 수준을 가진 존재들끼리는 서로 알아볼 수 있다는 의미입니다. 이를테면 천상계에 태어날 운명을 가진 존재들은 서로를 볼 수 있습니다. 이때 그대에게 보이는 존재들에게 현혹되지 말아야 합니다.

아울러
의생신 상태에서는
비슷한 사후 세계의 존재들을 보게 됩니다.

이번 편지의 핵심은 '눈(眼)'입니다. 우선 눈을 비롯한 우리의 감각기관에 대한 중요한 점을 말씀드리자면, 일반적으로 우리는 '눈이 있기 때문에 무엇인가를 본다.' 라고 생각합니다. 하지만 불교의 입장에서 본다면, 우리는 '무엇인가를 보고자 하는 마음 때문에 눈이라는 기관을 만든다.' 라는 것입니다.

그리고 눈이 생긴 이후에도 우리는 자기 업에 따라 보고 싶은 것만을 보며, 객관적인 대상을 보고서도 주관적으로 재해석하고 그렇게 왜곡된 눈을 다음 생에 다시 받게 되는 겁니다. 이러한 눈에는 다섯 가지 종류[46]가 있다고 합니다. 눈과 관련된 일화 하나를 소개하고 이번 편지를 마치겠습니다.

부처님 당시, 신통력이 있는 제자가 있었는데 재를 지내는 법당에 앉아 있다가 그 안에 있는 모든 재가불자들의 머리 뒤에서 후광이 비추는 것을 보았습니다. 그런데 이윽고 재가 끝나고 법당 문을 나서며 재가불자들이 웃고 떠드는 순간 다시 후광이 사라진 것을 보았습니다. 이 광경을 목격하고 부처님께 나아가 이 일을 사뢰니 부처님께서 다음과 같이 말씀하십니다.

"재를 지내는 중에는 누구나 죽음에 대해 사유하기에 잠시나마 불성이 밝게 빛나서 너의 신통력으로 볼 수가 있었고, 재가 끝나자마자 다시 예전처럼 웃고 떠들며 그 마음을 잊어서 다시 빛이 사라진 것이다."

---

[46] ① 육체의 눈(本能眼) - 새나 짐승의 눈처럼 평범한 인간으로서의 동물적인 눈
② 하늘의 눈(天眼) - 인간계와 신들의 세계, 그리고 수많은 생에 걸친 과거생과 미래생들을 볼 수 있는 천안.
③ 진리의 눈(法眼) - 수백 주기에 걸친 또는 수백 겁에 걸친 과거 세상과 미래 세상을 볼 수 있는 아라한들의 눈
④ 신의 눈(神眼) - 수백만 주기에 걸친 미래 세상과 과거 세상을 볼 수 있는 보살들의 눈
⑤ 불안(佛眼) - 시간의 구애를 받지 않고 영원한 시간과 모든 것을 볼 수 있는 부처님의 눈

제6장
88

이제 이러한 의생신의 몸을 지닌 그대 망자는 이 곳 재생중음에서 7가지 환영을 겪게 됩니다. 첫 번째 환영은 다음과 같습니다. 그대가 생전의 집과 가족들을 볼지라도 이는 꿈과 같으며, 이내 다음과 같이 생각하게 됩니다.

'내가 정말로 죽었구나. 이제 어떻게 해야 하지?' 이윽고 큰 상실감에 그대는 마치 뜨거운 모래밭에 던져진 물고기와 같이 크나큰 고통을 받게 됩니다. 그대가 생전의 삶에 집착할지라도 아무런 도움이 되지 않습니다. 집착을 버리고 오직 대자대비하신 관세음보살님께 간절히 기도하십시오.

> ## 이어서 망자는 7가지의 환영을 겪게 되는데, 첫 번째 환영은 생전의 집과 가족 등을 마치 꿈처럼 허망하게 보게 됩니다.

편지에 묘사된 '뜨거운 모래밭에 던져진 물고기'와 같다는 표현이 너무도 생생하게 전해집니다. 이러한 고통 역시도 망자의 업식(業識)에서 비롯된 실체가 없음을 깨닫는 것이 중요합니다. 그리고 편지의 내용처럼 일념으로 관세음보살님께로 마음을 둔다면 고통에서 즉시 벗어날 수 있습니다.

하지만 저 위급하고 두려운 중음에서 그렇게 마음을 쓰기 위해서는 이생이 연습무대인 것처럼 잘 훈련을 해야만 합니다. 중음에서는 더 이상 연습이 없는 실전만이 존재하며, 이생에서 훈련을 얼마나 닦았느냐에 따라 그 결과가 극명하게 달라지기 때문입니다. 따라서 지금 이 순간 마음을 잘 쓸 수 있는 방법을 하나 소개해 드리고자 합니다. 그 방법은 '지금 이 순간' 언제나 부딪치는 바깥 경계에 대해서, 즉각적으로 마음의 방향을 바꾸는 것입니다.

예컨대 사람들을 볼 때는 성토의 가족으로 생각하여 불법으로 잘 가르쳐 줌으로써, 그 사람에 대한 온갖 나쁜 감정을 제거하고 장래 정토의 가족이 되도록 이끌어 주는 것입니다. 또 만약 온갖 애욕에 휩싸일 때면, "정토의 가족들은 애욕이 없다는데, 어떻게 해야 이 애욕의 고통을 멀리 떠나 극락정토에 왕생할 것인가?"를 생각하는 것이니, 생각이 일어날 때마다 항상 예토와 정토를 비교하여 마음을 정토로 두는 것입니다.

그리고 그 비교의 기준은 다음의 문장이면 너무나 명확합니다.

"사바세계가 정말로 고통스런 바다이고, 극락세계는 진실로 즐거운 정토임을 모름지기 믿어야 한다."

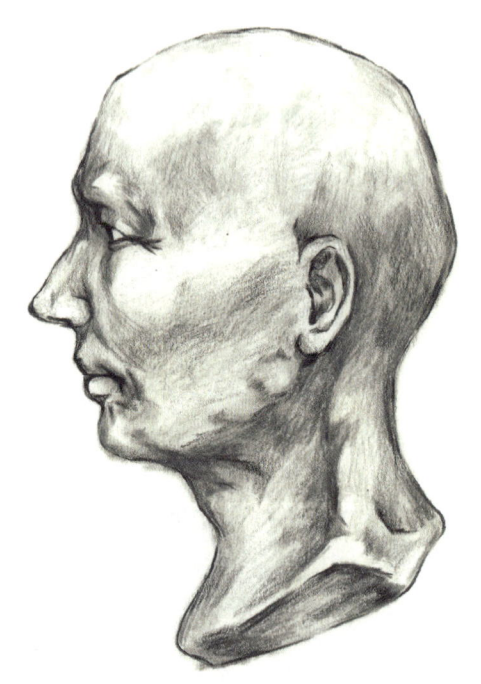

다음으로 두 번째 환영입니다. 그대 망자는 사나운 업의 바람에 쫓겨서 한 곳에 머물지 못하고, 몸이 없는 마음은 바람에 날리는 깃털처럼 정처 없이 표류하게 됩니다. 이제는 밤낮 없이 머리 위에서 흐릿한 흰빛이 항상 그대를 비추게 됩니다. 저마다 생전에 지은 바 업이 동일하지 않기 때문에 중음에서 머무는 기간을 단정 지을 수는 없습니다.

두 번째 환영은 흐릿한 흰빛이 항상 망자의 머리 위에 맴돌게 됩니다.

편지에 설명된 '흐릿한 흰빛이 항상 그대를 비추게 됩니다.' 라는 구절을 우선 살펴보겠습니다. 마음에서 생겨난 욕망체인 의생신에는 인간 세상의 육체와 같은 신경계가 없기 때문에 해와 달과 별빛을 볼 수 없습니다. 그래서 자연의 빛만을 사후의 세계에서 볼 수 있는데, 이 빛은 지구의 황혼빛처럼 우주 공간에 퍼져 있습니다. 또는 중음 유정의 머리 위에서 비치는 하얀 빛 또는 지혜의 다섯 광명을 의미하기도 합니다.

또한 편지의 마지막 부분을 보면, 중음에서 머무는 기간을 단정할 수 없다고 합니다. 다행히도 49일 이전에 좋은 곳으로 천도가 되면 좋겠지만, 불행히도 49일이 지나도 다음 생을 받지 못하고 떠도는 망자는 지난 생에 대한 집착이 강한 망자입니다. 이러한 망자도 100재나 1주기 또는 3주기 때의 천도 의식을 통해 부처님의 법을 들려주어 생사에 대한 집착을 버리게 하면 마침내 천도가 됩니다.

아울러 죽은 지 오래 되어 이미 나쁜 세계에 떨어진 이도 유가족이 지극 정성으로 부처님께 공양을 올리며 천도재를 지내면 나쁜 세계에서 벗어나게 됩니다. 《지장경(地藏經)》을 보면, 지장보살이 전생에 바라문의 딸이었을 때, 어머니가 죽은 뒤 생전의 죄업으로 이미 지옥에 떨어졌는데, 어머니를 위해 절에 가서 부처님께 정성껏 공양을 올리자, 어머니는 물론 지옥 중생까지 지옥에서 벗어나 천상에 태어났다는 이야기가 나옵니다.[47]

---

47) 심지어 이어지는 부분에서는 "한 생의 부모, 형제, 가족뿐만 아니라 열 생, 백 생, 천 생의 부모, 형제, 가족도 천도될 수 있다."고 했으니, 죽은 지 오래 된 영가나 조상도 분명히 천도된다는 것을 알 수 있습니다.

제6장
90

다음으로 세 번째 환영입니다. 이전보다 더욱 거세진 맹렬한 폭풍우와도 같은 크나큰 업풍이 그대에게 몰려와서 똑바로 설 수 없을 정도로 밀쳐냅니다. 그러나 두려워하지 마십시오. 그것은 그대의 착란일 뿐입니다. 또한 너무나 무서워 견딜 수 없는 시커먼 암흑이 앞에서 덮쳐오며, 그 속에서 "쳐라! 죽여라!" 하는 온갖 고함소리가 들려옵니다. 그러나 그것들도 무서워하지 마십시오. 이 역시 생전의 업이 지은 환영일 뿐입니다.

세 번째 환영은
맹렬한 업풍이 망자를 휘몰아치고
온갖 험한 소리가 망자를 두렵게 합니다.

편지를 보면 망자를 무섭게 하고 혼란스럽게 하는 갖은 환경이 닥칩니다. 폭풍우는 생전의 탐욕을 상징하며, 업풍은 분노를, 그리고 암흑은 무시이래의 어리석음을 의미합니다.

특히 망자에게 들려오는 "쳐라! 죽여라!"하는 온갖 고함소리는 정말로 망자를 두렵게 만듭니다. 이러한 고함소리가 망자에게 들려오는 이유는 무엇일까요? 망자는 인간 세상에서 자기만을 알고 이기적으로 살았던 과보로 인해서 중음에 있는 모든 존재들이 자기를 증오하고 있다는 그릇된 믿음을 갖기 때문입니다. 이 때문에 그는 악몽을 꾸는 것처럼 무서운 환상에 사로잡히게 되는 것입니다. 인도의 고전 《바그다드 기타》에서 스승인 크리슈나는 제자인 아르쥬나에게 다음과 같이 말합니다.

"인간은 육신을 버릴 때, 마지막으로 생각하는 것에 따라 다음의 생을 얻으리라. 그의 생각이 몰두해 있는 그 상태를 그는 얻게 되리라."

우리는 생전 '나'라는 망상에서 벗어나지 못한 채 육신을 지닌 상태에서 몇 시간에 지나지 않는 잠깐 동안의 잠자리 속에서도 나를 주인공으로 한 꿈을 꾸고는 합니다. 그렇다면 육신을 벗어나 오직 이기적인 '나'로 가득한 업식(業識)만이 존재하는 저 험한 중음에서는 얼마나 많은 악몽들을 꾸게 될까요.

제6장 91

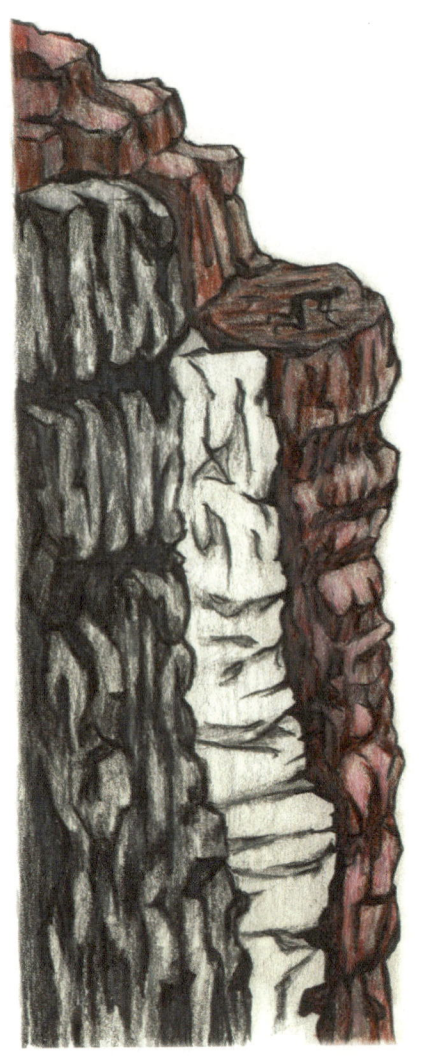

다음으로 네 번째 환영입니다. 그대의 업으로 생긴 나찰들과 맹수들이 암흑과 눈보라 속에서 그대를 향해 "죽어라!" 등의 괴성을 지르며 달려듭니다. 또한 산이 무너지는 소리와 바닷물이 솟구치는 소리, 불길이 타오르는 소리와 폭풍이 불어오는 소리 등이 들려옵니다. 그대가 두려워 어디론가 달아나 보지만, 앞에는 희고 붉고 검은 세 갈래 절벽이 있을 뿐입니다. 이 모든 두려운 광경들은 그대의 성냄과 탐욕, 그리고 무지가 빚어낸 환영일 뿐입니다.

네 번째 환영은
수많은 나찰과 맹수 등에게 쫓기며, 어둠과 폭풍우 속에서 결국 망자는 절벽 앞에 서게 됩니다.

편지에 묘사된 망자를 두렵게 하는 공포스러운 상황은 총 네 가지인데, 이는 우리의 몸을 구성하는 지수화풍의 네 가지 원소가 역류하는[48] 심리적 영향을 묘사하는 것입니다. 즉 다음 생을 받을 때가 더욱 가까워 졌음을 알 수 있습니다. 이 과정을 간략히 정리하면 다음과 같습니다.

① 땅의 원소 바람이 역류하는 탓에 망자는 산이 무너지고, 집 아래 깔리는 것과 같은 공포를 느낍니다.
② 물의 원소 바람이 역류하는 탓에 망자는 급류에 휩쓸리고, 바닷물 속에 잠기는 것과 같은 공포를 느낍니다.
③ 불의 원소 바람이 역류하는 탓에 망자는 거대한 불길 속에 몸이 타는 듯한 공포를 느낍니다.
④ 풍의 원소 바람이 역류하는 탓에 망자는 폭풍에 날려가는 듯한 무서운 공포를 느낍니다.

이처럼 네 가지 큰 공포가 닥치면 망자는 두려워하면서 사방으로 도망칩니다. 하지만 흰색과 검은색, 그리고 붉은색의 세 갈래 절벽에 막히게 됩니다. 이 절벽은 아주 높아서 마치 추락할 것만 같으나 사실은 진짜 낭떠러지가 아니라 탐욕과 분노, 그리고 어리석음이 변화한 현상입니다. 그리고 절벽에서 떨어진다는 것은 환생에 앞서 자궁으로 들어가는 것을 상징합니다.

---

[48] 여기서 지수화풍의 사대 원소 이후에 남는 유일한 원소인 공대(의식)는 언급하지 않았는데, 그것은 중음에서의 의식이 사후의 몸인 의생신을 구성하고 있고, 그 속에 아직까지 망자의 의식이 머물고 있기 때문입니다.

제6장 92

다음으로 다섯 번째 환영입니다. 그대가 생전에 다소나마 선행을 쌓고 불법을 닦았다면, 여러 상서로운 광경들이 나타납니다. 그래서 온갖 기쁨과 행복들을 체험하게 됩니다. 설령 그럴지라도 그러한 광경들과 느낌들에 집착하지 마십시오. 모든 좋은 감정을 삼보께 공양하리란 마음을 가지십시오.

한편 만약 그대가 생전에 선악도 짓지 않고 무관심하게 살아왔다면, 중음에서 그대는 지금 아무런 감정도 없이 그저 막연할 뿐입니다. 이때는 이러한 막연한 그 감정에 빠지지 말고 산란함이 없이 공성에 대해 명상해야 합니다.

다섯 번째 환영은 생전에 지은 바 업에 따라 여러 감정들과 그에 상응하는 광경들을 보게 됩니다.

편지 마지막의 '산란함이 없이'라는 구절에 대해서 생각해보고자 합니다. 사실 이것이 수행의 시작이자 전부라고 해도 과언이 아니기 때문입니다. 불교의 수행으로 계정혜(戒定慧) 삼학(三學)을 얘기합니다. 즉 계율을 지키고 선정을 통해서 지혜를 얻어서 궁극적으로 해탈을 성취하는 불교 수행의 체계를 이르는 것입니다. 이것을 반대로 얘기하면, 계율을 지키지 않으면 해탈은 고사하고 계학의 다음 단계인 선정과 지혜를 얻을 수 없다는 것입니다.

따라서 늘 불안한 마음의 원인을 찾고자 한다면, 자신이 평소에 몸과 말과 뜻으로 짓는 행동(업)이 과연 부처님께서 말씀하신 계율에 얼마나 부합하는지를 살펴보면 그 답을 알 수 있습니다. 결국 본격적인 수행이라 할 수 있는 선정과 지혜를 닦는 데 있어서 계율은 굳건한 토대와 같은 역할을 합니다. 아울러 청정한 계를 갖춘 사람은 산란함이 없는 마음을 얻게 됩니다. 따라서 이처럼 계율이 중대하기에 '이계위사(以戒爲師 - 계로써 스승을 삼아라)'[49]라고 일컫는 것입니다. 지계제일 우바리 존자의 말씀을 소개합니다.

"신심으로써 욕락(欲樂)을 버리고 일찍 발심한 젊은 출가자들은 영원한 것과 영원하지 않은 것을 똑똑히 분간하면서, 걸어가야 할 길만을 고고(孤高)하게 찾아서 가라."

---

49) 부처님께서 입멸에 들려 하실 때, 제자들은 슬픔을 이기지 못하고, 부처님께서 가신 후에는 이제 무엇에 의지해야 하느냐고 묻습니다. 이에 부처님께서는 그런 말을 하지 말라고 꾸짖으시면서 "내가 가더라도 내가 남긴 가르침과 계율은 항상 남으리니, 이것을 스승으로 의지해서 수행하도록 하여라."라고 말씀하십니다.

제6장 93

다음으로 여섯 번째 환영입니다. 그대는 다리와 사원과 오두막과 탑 등의 장소에서 잠깐씩만 머물게 됩니다. 마음이 몸과 분리된 탓에 한 곳에 오래 머물지 못하는 것입니다. 수시로 추위를 느끼고, 정신이 흐릿하고 불안합니다.
한 곳에 오래 머물지 못하고 어디론가 가야한다는 압박감에 온갖 망상을 짓게 됩니다. 그러나 그렇게 해서는 안 됩니다. 마음을 가라앉히고 평정한 상태에 머물도록 하십시오.

여섯 번째 환영은
마음이 몸과 분리된 탓에 어디에도 오래 머물지 못하며
항상 공포와 불안한 마음으로 떠돌아야 합니다.

이번 편지의 핵심은 '육부정상(六不定相)'입니다. 즉 중음의 상태에서 망자가 겪는 여섯 가지의 정해지지 않은 거처의 형상으로 아래와 같습니다.

① 주거(住居)부정	산꼭대기나 평원이나 빈집 등에 잠시간씩 머문다
② 처소(處所)부정	탑과 다리 등에 잠시간씩 의지한다
③ 행위(行爲)부정	한순간에 갖가지 행동을 한다
④ 음식(飮食)부정	육도의 갖가지 음식들을 볼지라도 얻지 못한다[50]
⑤ 친우(親友)부정	천신과 귀신 등을 가리지 않고 잠시간씩 어울린다.
⑥ 심사(心思)부정	여러 고락의 감정들이 수시로 변화무쌍하게 발생한다.

이와 관련하여 족첸 폰롭 린포체가 전하는 다음과 같은 가르침은 우리에게 많은 생각할 여지를 주고 있습니다.

"생명의 가장 강한 습성 중의 하나는 활동성(멈출 줄 모르는 성질)입니다. 우리는 고요와 쉼에 대해서는 그리 강한 습성을 지니고 있지 않습니다. 일체의 토대(공성) 속에 머물러 쉬지 못하는 것, 이것이 모든 미혹된 습성의 뿌리입니다. 재생중음에서는 이러한 습성이 극명히 드러납니다. 생각의 끊임없는 움직임 때문에 우리는 한 곳에서 다른 곳으로, 이 환경에서 저 환경으로 끊임없이 옮아가게 됩니다. 몸이 없는 중음에서는 더욱 그러합니다. 한시도 쉼의 상태에 머물러 있기가 어렵습니다. 한 순간은 모든 것이 생생하고 명백하지만 다음 순간에는 모두를 잊곤 합니다. 심지어는 자신이 죽었다는 사실조차 수시로 잊어버리곤 합니다."

---
[50] 의생신의 몸은 극도로 미세한 탓에 거친 음식을 취하지 않습니다. 대신 향기를 취해서 목숨을 영위합니다.

제6장
94

다음으로 일곱 번째 환영입니다. 이제 그대 망자는 '새로운 몸을 얻으면 얼마나 좋을까!' 하고 생각한 뒤, 사방으로 몸을 구해 돌아다니게 됩니다. 그래서 자기의 시신 속으로 들어가 볼지라도 여러 날이 지났기 때문에 시신은 얼어붙거나 부패하였고, 또는 화장을 하였거나, 땅 속에 묻어버렸거나, 새와 짐승들에게 주어버렸기 때문에 들어갈 곳을 얻지 못합니다.

이에 그대는 낙심하여 바위와 땅과 돌 따위의 모든 틈새에 들어가는 광경이 나타납니다. 그러나 그대가 애써 몸을 구할지라도 고통 외엔 다른 것이 없습니다. 그러니 몸에 애착하는 마음을 버리고 무위(無爲)의 상태에 편안히 머물도록 하십시오.

> **마지막 일곱 번째 환영은
> 새로운 몸을 찾기 위해 여기저기 떠돌아 다니지만
> 모두 고통만을 초래하는 부질없는 일일 뿐입니다.**

이번 편지의 내용과 관련지어 제가 그린 그림은 티베트의 조장(鳥葬)입니다. 우리나라에서는 전통적으로 시체를 땅에 묻는 토장(土葬)이나 불에 태우는 화장(火葬)이 주로 행해지지만, 티베트에서는 시체를 독수리[51]들의 먹이로 공양하는 의식을 합니다.

이때 독수리들이 잘 먹을 수 있도록 시체에 칼집을 내는데, 독수리들이 깨끗하게 시체를 먹어야 그 망자가 좋은 곳으로 간다고 생각하기 때문입니다. 그리고 남은 시체가 있다면 이 역시 태워서 재로 뿌린다고 합니다. 우리가 볼 때는 무척 잔인하게 느껴지기도 하겠지만 그들에게는 그것이 문화이고 신성한 의식입니다.

저 역시 2010년 초에 율원 졸업여행을 떠났던 인도에서 이와 비슷한 경험을 한 적이 있습니다. 지금도 잊을 수 없는 바라나시의 갠지스 강에서는 매일 낮에 강가에서 나무 위에 시체를 싣고서 불로 태웁니다. 그리고 타고 남은 시체를 갠지스 강으로 흘려보냅니다. 이는 성스러운 강물이 영혼의 죄업을 씻어주기를 기원하는 의식입니다.

이처럼 생사를 바라보는 관점이 우리보다는 다소 넓은 티베트인과 인도인이 사후에 시체를 대하는 의식을 보면, 이 몸뚱아리에 대한 집착에서 하루빨리 벗어나도록 하는 강력한 동기가 됩니다. 그리고 이러한 마음이 씨앗이 된다면 중음에서 망령되이 다음 생의 몸을 찾지 않으리라 믿습니다.

---

51) 예로부터 동서고금을 막론하고 독수리는 하늘과 땅을 연결하는 매개자의 의미를 부여하여 신성시 여겼습니다. 이와 비슷한 의미로 나무 역시도 하늘과 땅을 잇는 매개로써 여깁니다.

제6장
95

그대가 생전의 두터운 업력으로 인하여 이러한 일곱 가지 환영들의 실상을 깨닫지 못했다면, 이 가르침을 귀 기울여 들으십시오. 이러한 고통을 받는 것은 다른 누구의 잘못이 아니며 오직 그대 자신의 업보 때문입니다.

그러니 이제 삼보께 기도하고 참회하십시오. 만약 지금도 뉘우치지 않는다면, 생전에 그대와 함께 태어난 선한 수호령이 그대 앞에 나타나서 그대가 지은 모든 선업들을 한데 모아 하얀 주판알로 셈하게 되고, 동시에 악한 수호령도 와서 그대의 모든 악업들을 한데 모아 검은 주판알로 셈하게 됩니다.

> **망자는 이 모든 것이 자신이 지은 업의 과보임을 깨우치고 참회해야 합니다. 그렇지 않으면 생전의 선·악업들의 경중을 가리게 됩니다.**

선한 수호령과 악한 수호령이라는 매우 흥미로운 내용이 나옵니다. 망자가 지금에 이르기까지도 생전의 두터운 악업으로 인해 여전히 독송에 담긴 진리를 깨우칠 수 없다면, 반드시 생전의 업을 심판하는 관문을 지나가게 됩니다. 이때 바로 선한 수호령이 나타나서 선업은 하얀 주판알로 셈을 하고, 동시에 악한 수호령이 나타나서 검은 주판알로 악업을 계산합니다.

선한 수호령은 구생신(俱生神)이라고도 불리며, 인간의 고차원적이고 의식적인 본성을 의미합니다. 그리고 악한 수호령은 구생귀(俱生鬼)라고 불리며, 인간의 저차원적이고 육체적인 본성을 의미합니다. 이들 두 수호령은 한 사람의 탄생과 더불어 태어난 뒤 죽음과 더불어 흩어지는 신귀(神鬼)인데, 사후에 그 사람이 지은 모든 선악의 업을 기록하여 염라대왕에게 보고합니다.

우연한 사고로 인하여 죽음의 문턱에서 돌아온 사람들의 일치된 증언을 보면, 다들 생사의 경계에서 생전의 일들이 마치 영화필름처럼 지나가는 것을 보았다고 합니다. 임종 시에 자신이 만든 영화필름(삶)에 대해서 당당한 사람이 보일 수 있는 모습을 소개합니다.

한 정토수행자가 임종에 이르러 서쪽을 향해 단정히 앉아서 극락왕생을 기약하고 있었습니다. 숨이 멎자, 극락의 여러 성중들이 와서 수행자를 모시러 왔습니다. 이에 수행자는 그 성중들을 향해 다음과 같이 얘기합니다.

"평생토록 오직 아미타 부처님만을 염(念)했는데, 어찌 당신들이 오십니까? 돌아가셔서 아미타 부처님께 직접 저를 접인(接引)해 달라고 하십시오."

제6장
96

그 때 그대는 공포에 떨면서, "나는 죄를 짓지 않았다!"고 거짓말을 하게 됩니다. 그러면 염라대왕이 업경대를 들여다보는데, 그대가 지은 선악의 업들이 전부 거울 속에 숨김없이 나타나게 되니, 거짓말을 하여도 아무런 소용이 없습니다. 업의 과보로 인해 염라대왕의 옥졸들로부터 죽지도 못하는 극심한 고통을 받게 됩니다.

이 때 사실 그대는 텅 빈 몸이므로 두려워할 필요가 없습니다. 그리고 염라대왕과 옥졸들 역시 그대의 환각이자 그 실체는 텅 빈 공한 환영들입니다. 그대는 그 공포에서 벗어나기 위하여 일체가 중음의 환영임을 깨달아야만 합니다. 공성에 대해 마음을 집중하십시오.

> **염라대왕은 업경대를 통해 망자의 일들을
> 낱낱이 살피며, 그에 따라 옥졸들이 망자에게
> 갖은 고통을 겪게 하지만 이 모든 것이 환영일 뿐입니다.**

염라대왕은 망자에게 자신이 세상에 내려 보낸 다섯 명의 신하를 본 적이 있냐고 묻는다고 합니다. 그 다섯 명의 신하는 다음과 같습니다.

① 누워 있는 갓 태어난 아기 모습의 신하	모든 존재들뿐 아니라 갓 태어난 아이에게도 늙음과 죽음이 불가피하다는 메시지입니다.
② 노인 모습의 신하	그 어린아이가 자라고 성숙하고 늙어 마침내 죽음의 희생자가 되고 만다는 사실을 알리는 메시지입니다.
③ 질병에 걸린 모습의 신하	죽음과 마찬가지로 질병도 누구에게나 찾아온다는 메시지입니다.
④ 끔찍한 형벌을 받고 있는 도둑 모습의 신하	이 세상에서 악행을 저질러 당하는 형벌은 사후에 악업으로 인해 겪게 될 형벌에 비하면 아무것도 아니라는 메시지입니다.
⑤ 시체 모습의 신하	죽음의 필연성과 육신의 썩어 없어짐을 강조하기 위한 메시지입니다.

하지만 망자는 두려움에 떨면서 전혀 모르는 사람들이라고 합니다. 이에 염라대왕은 이들이 누구이며, 그들이 일깨우는 메시지에 대해 설명합니다. 그제야 망자는 과거를 기억하고, 자기가 그들의 메시지에 따라 선업을 쌓지 않고 대신에 죽음의 필연성을 망각한 채 악행을 저질렀음을 고백하게 됩니다. 그리고 그 업의 결과로 인하여 갖은 고통을 겪으며, 최악의 지옥은 무간도(無間道)라고 하여 그 이름 그대로 극한의 고통이 죽음을 통해서도 멈출 수 없다고 합니다.

제6장
97

만약 그대가 어떻게 공성을 명상해야 할지 모른다면, 공포의 실제 성품이 본래 생기지 않았고, 비어 있음(眞空)이 곧 법신임을 명상하십시오. 그리고 그 비어 있음은 텅 빈 것이 아니어서 그대의 맑은 의식이 공성과 마주하면 비춤이 더욱 밝아집니다.

이 밝게 비춤이 바로 보신입니다. 이렇게 비어 있음과 밝음이 하나인 상태로서의 생생한 의식이 지금 그대에게 있는 그대로 존재하는 그것이 바로 자성신(自性身)입니다. 마지막으로 그 자성신의 능력이 조금도 막힘이 없이 일체에 나타나는 그것이 바로 화신입니다.

네 가지 부처님의 몸에 대한 사유를 통해 해탈을 얻을 수 있습니다.

법신과 보신, 그리고 자성신과 화신 등 다소 어려운 내용들이 나옵니다. 하지만 이 중에 자성신을 제외한 부처님의 삼신(三身)에 대해서는 이미 앞서 다룬 바가 있습니다. 이번에는 우선 기본적으로 '부처님'이란 존재에 대해서 짚어보겠습니다. 불교는 크게 두 측면, 즉 부처님과 중생의 측면에서 바라볼 수 있습니다. 이를 간략히 정리하면 아래의 표와 같습니다.

① 부처님의 측면에서 본다면,	'부처님의 교훈(教訓)' 즉, '부처님에 의해 설해진 종교(宗教 : 궁극의 가르침)'
② 중생의 측면에서 본다면,	부처님이 되는 길을 설한 교훈

여기서 '②'에 초점을 둔다면 우리가 바로 부처가 되는 것으로써, 이에 '부처님'은 고유명사의 단수가 아니라 보통명사의 복수이며, 이는 누구에게나 해당이 됩니다. 자성신은 이러한 차원에서 이해하면 됩니다. 그리고 우리가 꼭 알아야 할 두 부처님은 바로 석가모니 부처님과 아미타 부처님입니다.

두 분 모두 중생을 건지려는 큰 원을 세우셨는데, 석가모니불의 원력은 혼탁한 사바고해에서 고통으로 힘들어 하는 중생을 조복시켜 해탈케 하는 것이고, 아미타불의 원력은 극락정토로 왕생하길 발원하는 선량한 중생을 받아들여서 수행시키는 것입니다.

다시 말하면, 자력으로 깨달음을 얻는 수행법만으로는 특정인만을 제도하는 한계가 있습니다. 따라서 석가모니 부처님께서는 그 한계를 극복하기 위하여 대자비로 일체중생을 위하여 아미타불의 극락정토와 염불법을 설하셨습니다. 그리하여 이 사바세계에 출현하신 근본 뜻을 이루시고 열반에 드신 것입니다.

제6장
98

네 부처님의 몸을 깨달을 수 있다면 그대는 바로 해탈하게 됩니다. 바로 여기서 부처와 중생, 이 둘의 경계가 갈라집니다. 지금은 더 없이 중대한 시점입니다.
 "한 찰나 속에서 중요한 차이가 생겨나고, 한 찰나 속에서 완전한 깨달음이 얻어진다." 이 말에 해당되는 그 때가 바로 지금입니다. 이제 여기서 마음이 다시 산란하게 되면, 자비로운 밧줄이 끊어져 해탈이 없는 괴로운 윤회세계로 들어가야만 합니다. 그러니 간절한 마음으로 집중하십시오.

지금이 바로 '한 찰나'의 중요한 순간이며, 자비로운 밧줄이 끊어지지 않도록 마음을 집중해야 합니다.

'한 찰나' 정말로 많은 것을 생각하게 만드는 단어입니다. 흔히 불교에서는 "한 생각 돌린다."는 표현을 많이 합니다. 원효성사의 일체유심조(一切唯心造)의 가르침 또한 이와 같습니다. 중음에서 이처럼 한 찰나의 이치를 깨닫기 위해서는 지금 살아 있을 때 훈련을 하는 것이 중요합니다. 우리가 훈련을 해야 할 가장 중요한 대상은 바로 죽음에 대한 명상입니다. 죽음에 대해서 명상하는 것과 명상하지 않는 차이를 정리하면 다음과 같습니다.

① 죽음에 대하여 명상하지 않은 허물	6도 윤회 가운데 천도나 인도면 그나마 다행이지만 그 외의 악도(특히 삼악도)에 떨어질 가능성이 많습니다.
② 죽음에 대하여 명상하는 수행의 이익	매일 매일의 연습에 힘입어 실전인 죽음의 순간에 당황하지 않으며 업의 환영에 이끌리지 않고 바른 해탈의 길로 나아갈 수 있습니다.

부처님께서는 "어리석은 사람은 자기가 할 수 있는 일은 하지 않고, 할 수 없는 일을 하려고 애쓴다. 그러나 지혜로운 사람은 자기가 할 수 없는 일은 하지 않고, 할 수 있는 일에 온 힘을 바친다."라고 하셨습니다.

우리는 수많은 선택을 하며 살아갑니다. 하지만 '죽음'에 대해서 명상하는 수행을 하느냐 하지 않느냐의 선택보다 큰 결과의 차이를 보이는 것이 또 있을까요? 편지 마지막의 자비로운 밧줄이 끊어진다는 의미는 관세음보살님의 자비의 빛이 더 이상 비치지 않게 된다는 것을 뜻합니다.

제6장
99

그대가 앞서 설명한 공성과 네 부처님의 성품에 대해서 친숙하지 못하다면, 불법승 삼보와 대자대비하신 관세음보살님을 기억하도록 하십시오. 무서운 모든 환영들을 관세음보살님과 그대의 본존불이라고 생각하십시오. 아울러 생전에 스승이 그대에게 내린 법명과 스승의 법명을 기억하십시오. 그리고 염라대왕과 옥졸들에게 그 법명들을 알려주십시오. 그러면 설령 절벽에서 떨어질지라도 다치지 않습니다.

생전 스승의 법명과 자신의 법명을 기억하여 염라대왕과 옥졸들에게 이야기하며 두려움에서 벗어나야 합니다.

법명을 기억하고 밝히는 것은 망자와 망자를 심판하는 자들 사이에 신비한 관계를 만들기 위한 것입니다. 그리고 이 관계는 곧 인간과 그 인간 속에 내재한 신성한 힘과의 관계입니다. 그런데 왜 세속에서 주어진 육체의 이름이 아닌 불문에 귀의하여 불교 안에서 받은 법의 이름이 중음에서 큰 힘을 발휘하는 걸까요? 불자(佛子)가 법명을 받는 것은 수계를 통해서이며, 결국 법명에는 부처님께서 제정하신 위대한 계율의 힘이 담겨져 있기 때문입니다. 《사십이장경(四十二章經)》[52]에서도 다음과 같이 말하였습니다.

"불제자가 나와 수 천리 떨어져 있더라도 항상 나의 계율을 수지하면 반드시 도과를 증득할 수 있지만, 나의 곁에 있으면서 비록 항상 나를 보더라도 나의 계율을 따르지 않으면 끝내 도를 얻을 수 없느니라"

우리가 부처님의 위신력이 담긴 법명을 통해 중음을 뛰어넘는 것을 보면, 《천수경(千手經)》의 "원아속득계족도(願我速得戒足道)"[53]라는 구절이 떠오릅니다. 즉, 불도에 이르는 계율의 발을 어서 얻기를 원하는 마음이 담긴 구절입니다.

---

52) 불교의 요지를 42장에 걸쳐 간략하게 설명하고 있는 데서 붙여진 이름이며, 일종의 '부처님의 교훈집'이라고도 할 수 있는 경전입니다.
53) 일부 《천수경(千手經)》에는 "…戒足道"가 "…戒定道"로 잘못 표기된 경우가 있습니다. 의미상으로는 틀린 것은 아니지만 '~로 이르러 간다'는 문맥을 고려할 때 '定'보다는 '足'이 더욱 적당합니다. 이러한 착오가 생긴 이유는 초서(草書)로 쓸 때 '足'자와 '定'자가 비슷한 모양을 갖기 때문입니다.

제6장
100

그대는 이제부터 찰나의 감정에 따라 순식간에 그 감정에 해당하는 장소로 향하게 됩니다. 따라서 모든 악한 감정들을 삼가야 합니다. 만약 그대가 좋은 곳에 태어나게 되어서 그 곳의 환영들이 나타날 때 하필 친지들이 그대의 명복을 빌기 위해 가축을 공양하는 것을 보고는 이로 인해 부정한 감정들이 일어나서 크게 분노하게 됩니다.

그리고 이 감정들이 원인이 되어 그대는 좋은 곳에 태어나지 못하고 도리어 삼악도에 태어나게 됩니다. 그러므로 친지들이 그대를 위해서 어떠한 행위를 할지라도 노여움을 버리십시오.

현재 느끼는 감정대로 즉시 나쁜 곳으로 이동하게 되므로 모든 악한 감정들을 삼가야 합니다.

사후에 망자를 위하여 친지들이 49재 등을 베푸는 것에 대해서 그 효능을 의심하는 경우를 종종 볼 수 있습니다. 본질적으로는 망자가 생전에 지은 업에 따라 과보를 받는 것이지만, 사후에라도 망자가 49재나 이 경전의 가르침을 듣는 등을 통해서 미혹한 마음을 돌려 중음에서 진리를 깨달으면 다음 생에 좋은 곳에 날 수 있습니다.

다시 말해서, 마지막으로 불법을 공부할 기회를 주고 이를 토대로 하여 결국은 망자 자신이 업장을 소멸함으로써 죄업의 과보를 면할 수 있는 것입니다. 또한 망자의 가족이 망자를 위해 선업(공덕)을 지어도 망자에게 영향을 끼칠 수 있습니다. 중생의 업은 서로서로 영향을 끼칠 수 있기 때문입니다.

《지장경(地藏經)》에 따르면, 이를 두고 다음과 같이 설하고 있습니다.

"유가족이 죽은 이를 위해 재(齋)를 베풀어 공덕을 지으면 죽은 이가 나쁜 세계에 떨어질 죄업이 있다 하더라도 인간세계나 천상에 태어나게 된다."[54]

또한 죄업으로 고통 받는 중생을 모두 구제하고자 큰 서원을 세우신 불보살님의 원력 덕분에 극락세계에 왕생할 수도 있습니다. 불교의 영가 천도는 결코 미신이 아닙니다. 눈에 보이지 않고 자신이 믿을 수 없다고 하여 무조건 부정해서는 안 됩니다.

---

54) 《장수멸죄경(長壽滅罪經)》에도 "7일 동안이나 49일 동안 죽은 이를 위해 복을 지으면 죽은 이가 그 공덕 가운데 7분의 1을 얻게 된다."고 하였으며, 《약사경(藥師經)》에서도 "망자를 위하여 스님들을 청해 독경을 하고 부처님께 공양을 하면 7일이나 21일 또는 35일이나 49일이 지나 영험이 있다."고 하였습니다.

제6장
101

또한 그대 망자가 생전에 남겨 놓은 재물들에 대하여 애착하는 마음을 내면, 이것이 원인이 되어 그대가 좋은 곳에 태어날 예정이라도 도리어 삼악도에 태어나게 됩니다. 그러므로 두고 온 재물에 대하여 욕심을 버리고 애착을 끊도록 하십시오.

그대의 물건들을 누가 사용할지라도 아까운 마음을 내지 말고 흔쾌히 버리도록 하십시오.

삼보께 그것을 바친다는 강렬할 염원을 일으킨 뒤 무욕의 상태에 머물도록 하십시오.

> **생전에 자신이 소유했던 재물들에 대해서
> 집착하는 마음을 모두 버리고
> 삼보께 공양한다는 마음을 내야 합니다.**

윤회의 가장 큰 원인은 바로 '나'에 대한 집착, 즉 이기심입니다. 이러한 이기심에서 벗어나기 위한 가장 좋은 방법이 바로 육바라밀(六波羅密)이며, 이 중에서도 첫 번째 수행인 보시(布施)입니다. 보시는 크게 세 가지로 구분할 수 있으며, 이를 정리하면 다음과 같습니다.

① 재보시(財布施)	자기가 가지고 있는 물질적인 것을 자비심을 가지고서 조건 없이 중생들에게 아낌없이 베풀어주는 것입니다.
② 법보시(法布施)	법을 모르는 사람들에게 부처님의 가르침을 전해주는 것입니다. 즉 모든 중생들이 열반에 들도록 불법을 설하여 선근(善根)을 증장시키는 것입니다. 법회나 좋은 경전을 소개하는 것 역시도 법보시입니다.
③ 무외시(無畏施)	두려움과 근심이 가득한 사람들에게 두려움의 근본을 찾아서 제거해 주는 것을 말합니다. 즉 스스로 계를 지키며 남을 해하지 않고 일체 중생을 두려움에서 구하여 제도(濟度)하는 것입니다.

이 가운데 법보시와 관련하여 망자의 가족들이 망자의 천도를 위하여 공덕을 쌓을 수 있는 가장 효과적인 방법이 바로 49재 기간 동안 법공양[55]을 하는 것입니다. 우리나라의 불교가 보다 널리 전파되지 못한 가장 큰 이유는 물질의 공양만을 중요시하고 법공양을 등한시하였기 때문입니다.

---

55) 법공양이 지닌 일곱 가지 공덕은 다음과 같습니다.
　① 부처님 말씀대로 수행하는 공양. ② 중생들을 이롭게 하는 공양. ③ 중생들을 거두어 주는 공양.
　④ 중생들의 고통을 대신하는 공양. ⑤ 선근을 닦는 공양. ⑥ 보살의 할 일을 버리지 않는 공양.
　⑦ 보리심을 여의지 않는 공양.

제6장 102

그리고 그대의 재를 지내는 스님들이
혹여 여법하게 천도의식을
모시지 못하는 것을 보고는
불신의 마음이 생기게 되고,
이로 인해 그대는 삼악도에
떨어지게 됩니다.
그때 그대는 삼보의 본질을 생각하며
노여움을 거두어야 합니다.
또한 그대가 삼악도에 떨어지게 되어
공포스러운 환영들이 출현할 때에
가족들이 그대를 위해서 선행들을 쌓고,
스님들 역시 선법을
행하는 것을 보고서
그대가 단지 기뻐하는 마음을 낸다면,
이로 인해 삼악도에 떨어지게 되어 있던
업이 바뀌어 좋은 곳에 태어나게 됩니다.
그러므로 부정한 감정들을 버리고
오로지 선한 마음과
존경을 가지도록 하십시오.

> 망자의 재를 모시는 스님들이 법답지 못할지라도
> 삼보에 대한 믿음을 잃지 말고,
> 선한 곳으로 가고자 마음을 일으켜야 합니다.

먼저 말씀드릴 것은, '제(祭)'와 '재(齋)'를 구분하는 것입니다. 흔히 사회에서 명절이나 조상님 기일에 지내는 것은 '제(제사)'이고, 절집에서 49재, 천도재, 출가재일 등이 쓰이는 것은 '재'입니다. 지금 다루고 있는 것은 후자의 '재'입니다. 여기에는 '재계(齋戒)하다, 공경하다, 삼가다' 등의 의미가 있습니다. 즉, 49재나 천도재의 경우에는 불교의식과 재계를 통해서 망자와 더불어 유가족 모두의 업을 맑히는 의미가 있습니다.

그리고 거듭 강조하고 싶은 부분이 있습니다. 지금 함께 공부하고 있는 이 경전은 바로 '중음제도'를 말하고 있습니다.[56] 이 제도에는 자신과 남, 모두가 포함됩니다. 지금처럼 망자를 위해 독송하는 것도 물론이지만, 나아가 자신이 생전에 미리 '죽음-중음-전세(轉世)'의 과정을 이해하고 닦아 사후의 중음에서 자신이 자신을 직접 구제하고 해탈하는 방법을 일컫는 것입니다.

이와 관련하여 법성스님은 《다음 생을 바꾸는 49일간의 기도》라는 책에서 다음과 같이 강조하였습니다.

"만약 생전에 미리 '죽음-중음-전세(轉世)'의 과정을 수행하지 않는다면 죽음을 알려고 하지 않고 다만 삶만을 추구하게 됩니다. 이런 사람은 자신의 육신에 집착하기 때문에 중음의 49일 동안 다음 생으로 전환되어 새로운 육체로 들어가야 하는데도 불구하고 죽은 줄도 모르고 방황을 하며, 이러한 방황이 몇 주일 혹은 길게는 몇 년도 가게 됩니다."

---

56) 우리나라의 불자들은 '천도재', 또는 생전에 자신이 미리 닦고 간다는 예수재(豫修齋)는 알아도, '중음제도'라는 용어에는 아직 익숙하지 않습니다. 이는 밀교의 가르침이 아직 현교(顯敎)가 중심인 한국 불교에는 잘 알려지지 않았기 때문입니다.

제6장 103

지금 그대의 마음은 몸이란 의지처가 없는 까닭에 매우 가볍고 유동적입니다. 따라서 중음에서는 어떠한 선악의 생각들을 일으킬지라도 그것은 매우 강력한 힘을 갖게 됩니다. 그러므로 불순한 감정들을 마음에 품지 말고 반대로 생전의 선한 행위들과 감정들을 기억하십시오.

그러한 공덕들이 없다면 선악의 생각들에 휘둘리지 않도록 관세음보살님만을 명상하고 오직 관세음보살님의 마음이 담긴 신령한 진언인 "옴 마니 반메 훔"만을 염하십시오.

이것은 거짓이 아닌 진실임을 믿도록 하십시오.

생전의 공덕이 없다면, 오직 "옴 마니 반메 훔"만을 염해야 합니다.

진언수행은 자신이 모시는 불보살님에 해당하는 진언을 외는 것[57]을 말합니다. 진언을 간단히 요약하면, 자신이 모시는 본존의 몸과 입, 그리고 뜻. 이렇게 세 곳에 갖추어진 무량한 공덕을 '진실된 언어'로 표현한 것입니다. 따라서 이 진언을 늘 외우면 자연히 본존의 가피를 입게 됩니다. 그리고 본존수호신에 대한 좋은 글을 잠시 소개합니다.

"수호신은 제자가 도달한 내적 깨달음의 성격을 상징하는 특정한 부처님 또는 보살이다. 이 수호신은 제자의 성격과 수행법에 따라서 스승이 정해 준다. 그리고 관세음보살님은 누구에게나 보편적인 수호신이므로 특정 수호신이 정해지지 않은 일반인은 관세음보살님을 시각화해서 명상하도록 권한다."

진언수행은 염불수행과 마찬가지로 관념적으로 닦아서는 안 됩니다. 한 가지 일화를 말씀드리겠습니다. 예컨대 우리는 길을 가다가 넘어지면, 자기도 모르게 나쁜 생각을 하고 바로 입으로 욕설을 내뱉습니다. 하지만 티베트인들의 경우, 땅에 넘어지는 순간에도 즉각적으로 "관세음보살"하고 염(念)을 합니다. 이는 의식하고서 이루어지는 것이 아니라 숨 쉬듯이 자연스럽게 하는 것이고, 이것이 진정한 차원의 수행이라고 생각합니다.

---

57) 가장 대표적이자 이번 편지에서 언급된 "옴 마니 반메 훔(Om-ma-ni-pad-me-hum)"은 관세음보살님의 심주(心呪)입니다. 이 진언의 의미는 일체 지혜 복덕의 근본을 상징합니다. 티베트불교에서는 관세음보살님이 대표적인 호법신 혹은 수호신입니다. 그러므로 인간계에 있든 중음계에 있든 단지 반복하여 염송을 하면 생사윤회를 끊고 열반의 문을 연다고 믿습니다. 따라서 중음의 험난한 길에서 망자에게 매우 중요한 진언입니다. 여섯 자로 이루어진 이 진언은, Om은 천도의 문으로 전생하는 것을 막음이고, ma는 아수라의 문으로 전생하는 것을 막음이고, ni는 인간의 문으로 전생하는 것을 막음이고, pad는 축생도의 문으로 전생하는 것을 막음이고, me는 아귀도의 문으로 전생하는 것을 막음이고, hum은 지옥도의 문으로 전생하는 것을 막음입니다.

제6장
104

그대가 지금까지 겪은 여러 환영들의 실상을 깨닫지 못하면, 지금부터 전생의 몸은 점점 희미해져가고 내생의 몸이 점점 밝아옵니다. 아울러 육도의 빛들이 출현하게 되고, 업력에 의해 그 가운데 장차 태어나게 될 곳의 빛이 강하게 비춰옵니다. 동시에 그대의 몸도 장차 태어나게 되는 그 곳의 빛을 띄게 됩니다.

그 때 그대는 어떠한 빛이 나타날지라도 그것을 관세음보살님으로 여기고 또한 빛이 나오는 장소를 관세음보살님께서 계신 곳이라고 생각하십시오. 이 방법이 육도 세계의 탄생을 막아줍니다.

망자에게는 육도 윤회의 빛이 밝아오기 시작하는데, 이때 어느 곳에서 빛이 비출지라도 그 곳을 관세음보살님께서 계신 곳으로 명상합니다.

앞서 실상중음과 차이점이 있다면 이제는 적정과 지혜, 그리고 분노의 존자도 등장하지 않고 지혜의 빛조차 보기 힘듭니다. 오직 망자를 혼란시키고 유혹시키는 육도의 빛만이 망자에게 놓여 있을 뿐입니다. 여기서 편지의 내용을 보충하기 위하여 육도에 태어나는 탄생 원인(업)을 정리해 보았습니다.

육 도	탄생 원인
①천상	오만과 우쭐거리는 감정은 정신의 산만함과 죽음에 대한 두려움을 일으키고, 천상계에서 환생하게 합니다.
②인간	욕망과 집착의 감정은 생로병사의 고통을 일으키고, 인간계에서 태어나게 합니다.
③아수라	질투의 감정은 전쟁과 싸움을 일으키고, 아수라계에서 환생하게 합니다.
④아귀	탐욕과 인색함은 굶주림과 갈증을 일으키고, 아귀계에서 환생하게 합니다.
⑤축생	무지와 혼란의 감정은 우둔함과 두려움 같은 고통을 일으키고, 축생계에서 환생하게 합니다.
⑥지옥	증오와 분노의 감정은 불타고 얼어붙는 고통을 일으키고, 지옥계에서 환생하게 합니다.

참고로 밀교의 가르침에 따르면 극도의 악업을 지닌 이들은 중음에서 어떤 빛이나 모습도 경험하지 않고 곧장 지옥계로 간다고 합니다. 이상의 내용을 정리한 용수스님의 말씀을 소개하고 이번 편지를 마치겠습니다.

"탐욕은 그대를 아귀계를 인도한다. 증오는 그대를 지옥계를 인도한다. 무지는 그대를 축생계로 인도한다."

"현생에서 당신은
마음의 궁극적 본성에 대해 열심히 숙고하고,
명상을 통해 그것을 경험해보기 위해서
아주 열심히 정진하고 있을지 모른다.
하지만 죽음의 순간에 이르면 바로 그 경험이
노력하지 않아도 저절로 일어난다.
모든 이원적(二元的) 현상이 소멸하는 시점에 접어들어
마침내 분별이 완전히 사라짐을 자각하는 순간,
모든 것이 살아 있는 듯 생생하고
명료해지는 순간을 경험하게 된다.
그것은 날씨가 변하는 것과도 같아서,
하늘이 개어 무겁게 덮고 있던 구름이 사라지면
갑자기 광활한 창공이 펼쳐진다.
이 순간 마음은 곧장 자신의 본바탕에 다다른다.
그것은 마치 고향집에 돌아온 것과도 같다."

— 족첸 폰롭 린포체

제7장

세 번째 중음
재생중음 – 재생의 기로에서

이제 《티베트 사자의 서》의 마지막 본문 내용인 제7장에
이르렀습니다. 앞서 제6장은 재생중음의 전반부를 다룬 것이고,
이번 후반부는 재생중음의 의미가 가장 잘 드러나는 부분입니다.
즉, 망자가 업력에 의하여 내생의 어머니의 자궁에 들어가는 상황과
이를 막는 경전의 가르침으로 구성되어 있습니다.
총 24편의 그림편지와 함께 살펴볼 것입니다.
망자에게 들려주는 경전 본문에 대한 마지막 독송이니
간절한 마음을 담아 함께 해 주시길 바랍니다.

제7장
105

그대의 생전 악업이 심히 두텁다면 아직도 깨닫지 못한 채, 자궁의 문을 찾아 유랑하게 됩니다. 그대는 업력에 의해서 스스로 주체가 되지 못하고 위로 올라가거나 앞으로 나아가거나 밑으로 떨어지기도 하니, 즉시 관세음보살님을 관상하십시오.

이제부터 그대가 환생할 곳의 징후가 나타납니다. 따라서 탄생하려는 곳의 자궁에 들어가지 않는 방법을 터득하는 것이 매우 중요합니다. 방법은 크게 두 가지입니다.

첫 번째는 자궁으로 들어가려는 '그대를 막는 것'이고, 두 번째는 그대가 들어가려고 하는 '자궁의 문을 닫는 것'입니다.

> **이제 망자는 다음 생의 몸을 받아
> 다시 윤회가 시작되는
> 절체절명의 위기에 놓이게 됩니다.**

이제 마지막 제7장에 이르렀습니다. 뒤의 제8장은 기도문으로써 본문에 포함되는 내용이 아니기에 사실상 마지막 본문인 이번 장을 시작하기에 앞서 지금까지의 내용을 간략히 정리하는 시간을 갖는 것이 좋을 것 같습니다.

제1장에서는 이번 책의 모체가 되는 《티베트 사자의 서》에 대한 이해를 돕는 내용들을 총 10개의 그림편지들과 함께 준비과정으로 다루었습니다.

그리고 본격적으로 시작된 제2장은 세 가지 중음 가운데 첫 번째 중음인 임종중음을 총 22개의 그림편지들과 함께 다루었습니다. 이 임종중음은 망자에게 나타나는 두 번의 청정한 빛을 망자가 깨닫는 것이 핵심입니다.

이어지는 제3장은 실상중음 가운데 제1일~제5일을 총 20개의 그림편지들로 다루었으며, 매일 나타나는 총 다섯 분의 부처님을 살펴보았습니다.

다음의 제4장은 역시 실상중음의 제6일과 제7일을 총 14개의 그림편지들을 통해 알아보았으며, 여기서는 앞의 다섯 부처님과 함께 지혜의 존자들이 망자에게 나타난다는 것을 알 수 있었습니다.

그리고 제5장은 실상중음에 대한 마지막 부분인 제8일~제14일에 해당하는 내용을 총 16개의 그림편지들과 함께 생각해보았습니다. 망자에게 분노의 부처님과 함께 수많은 천신들이 나타난다는 점을 짚어보았습니다.

마지막으로 제6장은 재생중음을 크게 둘로 나눈 것 중의 전반부에 해당하는 내용입니다. 망자에게 나타나는 일곱 가지의 주요한 환영들과 업경대, 49재 등의 의미에 대해서 22편의 그림편지와 함께 공부하였습니다.

제7장
106

자궁에 들어가지 않는 첫 번째 방법인, 자궁으로 들어가려는 '그대를 막는 것'에 대한 내용은 다음과 같습니다. 그대는 수호신의 모습을 마치 실체가 없는 물속의 달과 같이 명상하십시오. 만약 그대에게 정해진 수호신이 없으면 관세음보살님이 그대의 수호신이라 생각하십시오.

다음에는 수호신을 밖으로부터 안을 향해 관상해서 점점 거두어 들여야 합니다. 그 다음엔 다시 청정하고 텅 비어 있는 빛을 관상해서 마음에 집착이 없어야 합니다. 이 가르침을 의지하면 반드시 자궁에 들어가지 않게 됩니다. 그러므로 이와 같이 닦도록 하십시오.

우선 자궁에 들어가려는 망자를 막는 방법이 있습니다.

이제 이번 책의 마지막 본문에 해당하는 제7장의 핵심은 바로 '재생'입니다. 즉, 지금 망자가 헤매고 있는 재생중음이라는 단어 그대로 망자가 다시 태어나느냐 아니냐가 결정되는 순간이기 때문입니다. 물론 정토로의 왕생과 천상으로 태어나는 최후의 길이 마지막으로 설하여지긴 하지만, 이 기간의 망자에게 주어지는 대부분의 환경과 불안하고 두려운 심리상태 등은 재생중음의 거센 파도에 휩쓸리기 쉬운 것이 사실입니다.

이러한 재생중음에서 망자가 재생을 막는 길은 간절한 독송을 통해 내생의 어머니의 자궁에 들어가지 않는 방법을 망자에게 일러주는 것입니다. 그 길은 앞서 '제105번째'의 편지글에 나와 있는 것처럼, 크게 두 가지입니다.

"첫 번째는 자궁으로 들어가려는 '그대(망자)를 막는 것'이고,
두 번째는 그대(망자)가 들어가려고 하는 '자궁의 문을 닫는 것'입니다."

여기서 알 수 있는 매우 흥미로운 사실은 우리가 이생에 태어날 때 그 부모를 자신이 직접 선택한다는 것입니다. 즉, 부모의 정자와 난자가 결합하는 그 순간에 자신의 업이 가장 잘 드러나는 그 자궁으로 본인이 선택해서 들어가게 됩니다. 따라서 현재의 삶에 대한 불만을 자신의 부모나 가족, 내지는 주위 환경으로 돌리는 것은 아무런 도움이 되지 않을뿐더러 자신의 업을 더욱 가중시킬 뿐입니다.

제7장
107

자궁에 들어가지 않는 두 번째 방법은 '자궁의 문을 닫는 것'입니다. 이 방법은 다시 다섯 가지로 나누어집니다. 우선 첫 번째 방법은 다음의 게송을 잘 듣고 그대로 관상하는 것입니다.

"나는 지금 재생중음을 겪고 있다. 뜻을 굳건히 지녀야 하고, 착한 업을 이어가야 하나니, 중음에서는 내가 자궁의 문을 닫는 것을 옳지 않게 여기기 때문이다. 정성껏 공경하는 마음으로 애착 따위는 끊어버리고 한 마음으로 쌍신의 스승을 관상하리라."

다음으로 자궁의 문을 닫는 다섯 가지 방법이 있으며, 첫 번째 방법은 진실한 게송을 명심하는 것입니다.

앞서 제106번째의 편지는 자궁으로 향하는 망자를 막는 것이었다면, 지금(제107)부터 뒤에 이어지는 내용들은 '망자를 막는 것'이 아닌 '자궁의 문을 닫는 것'입니다. 자궁의 문을 닫는 다섯 가지 방법 중 이번 편지에서는 그 첫 번째 방법으로 비밀의 게송을 망자에게 들려주고 있습니다. 이 가운데 매우 중요한 구절이 있는데, 바로 이 부분입니다.

"중음에서는 내가 자궁의 문을 닫는 것을 옳지 않게 여기기 때문이다."

대승경전인 《능엄경(楞嚴經)》에서도 이와 유사한 얘기가 나옵니다. 어느 수행자가 성불하려 할 때 온갖 마구니들이 방해공작을 벌인다는 내용입니다. 그 이유는 성불, 즉 부처가 되면 그와 동시에 마구니들의 세계가 파괴되므로, 자신이 살기 위해서 그 수행자를 방해한다는 것입니다. 이는 석가모니 부처님의 생애 가운데 '수하항마(樹下降魔)'[58]와 관련된 일화에서도 동일하게 살펴볼 수 있습니다.

중음도 마찬가집니다. 지난 실상중음과 특히 지금의 재생중음은 망자가 살면서 지은 업의 영향력으로 가득 찬 곳입니다. 따라서 생전에 윤회해야 마땅한 업만을 지었다면, 그러한 업의 힘들이 망자로 하여금 옳은 판단을 하지 못하도록 방해를 하게 됩니다. 그것은 그 업들이 가진 힘이기에 따라서 업력(業力)이라고 하는 것입니다. 그 업력을 이길 수 있는 길은 우리의 간절한 독송과 함께 망자의 깨어있는 마음, 그리고 불보살님의 원력 외에는 없습니다.

---

58) 석가모니 부처님께서 부다가야의 보리수 아래에서 목숨을 걸고 수행하다가 성불의 직전에 이르러 이를 방해하는 마왕의 수많은 유혹과 위협을 물리치고 6년에 걸친 고행 끝에 참 진리를 깨닫는 내용입니다.

제7장
108

첫 번째 방법으로 자궁의 문이 닫히지 않았다면 이제 두 번째 방법입니다. 이제 그대는 남녀가 성교를 맺는 환영을 진짜처럼 보게 됩니다. 그때 그들 사이로 들어가지 않도록 그대 자신을 억제해야 합니다. 그 남녀를 그대의 스승과 그 스승의 여성 원리, 또는 그대의 본존이나 관세음보살님의 합체존으로 관상하고서, 예배를 드리고 공경을 담아 선법을 청하는 발원을 일으키면 그 마음에 의해 자궁의 문이 닫힙니다.

자궁의 문을 닫는 두 번째 방법은 남녀의 성교하는 광경을 보고 현혹되지 않는 것입니다.

정자와 난자가 결합하는 순간 망자는 곧 '자기 존재의 희열'을 느끼면서 의식을 잃어버립니다. 중생의 다섯 욕락[59] 가운데 성욕이 가장 강하고 그 뿌리가 깊습니다. 그 이유는 지금 받은 몸의 뿌리가 성(性)과 관련하기 때문입니다. 따라서 성욕을 끊지 못하면 결코 윤회에서 벗어날 수가 없습니다.

불교의 여러 계율 가운데 음행(淫行)과 관련한 계율은 빠지지 않고 등장하며, 특히 구족계에서는 첫 번째 계율이 바로 불사음계입니다. 부처님께서 음행을 금지한 가장 중요한 이유는 크게 두 가지입니다.

첫 번째 이유는, 중생의 음행은 일어났다 꺼졌다 하는 모든 기멸심(起滅心)을 조장하고, 번뇌의 뿌리가 되어 해탈을 방해하기 때문입니다. 즉, 우리가 고통 받는 것이 곧 번뇌인데, 이 번뇌를 일으키는 가장 주범이 바로 음행입니다. 번뇌의 특징은 기멸심(일어났다가 사라지고 사라졌다가 다시 일어남)입니다. 이 기멸심의 특성이 가장 잘 드러나는 것이 바로 음심입니다.

두 번째 이유는, 음행은 수행자가 하지 말아야 할 청정하지 못한 비범행이요, 물들고 추한 행인 염오행이기 때문입니다. 거룩하지 못한 행위는 밝은 마음을 어둡게 만들고 청정한 마음을 탁하게 물들이며, 어둡고 탁한 마음은 결국 생사윤회의 씨앗이 될 뿐입니다.

편지에서 남녀를 스승과 그 스승의 여성 원리 또는 본존이나 관세음보살님의 합체존으로 여기라는 것은, 앞서 다룬 부처님 아버지와 어머니 쌍신의 경우를 생각하시면, 그 이치를 금방 이해하시리라 믿습니다.

---

[59] 재욕(財欲)·성욕(性欲:色欲)·음식욕(飮食欲)·명예욕(名譽欲)·수면욕(睡眠欲)의 즐거움을 말합니다.

제7장
109

두 번째 방법으로도 자궁이 닫히지 않았다면 이제 세 번째 방법으로 애착을 끊는 가르침을 알려 드리겠습니다. 이제 그대는 다시 남녀가 관계를 맺는 장면을 보게 됩니다. 그 때 애착의 업력으로 인해 자궁에 들어가게 된다면 말과 개, 사람 등의 모습으로 태어나게 됩니다. 그리고 자궁에 들어간 즉시 아버지의 정자와 어머니의 난자가 화합한 그 점액 가운데에서 욕망의 쾌락을 맛보면서 그대는 의식을 잃게 됩니다.

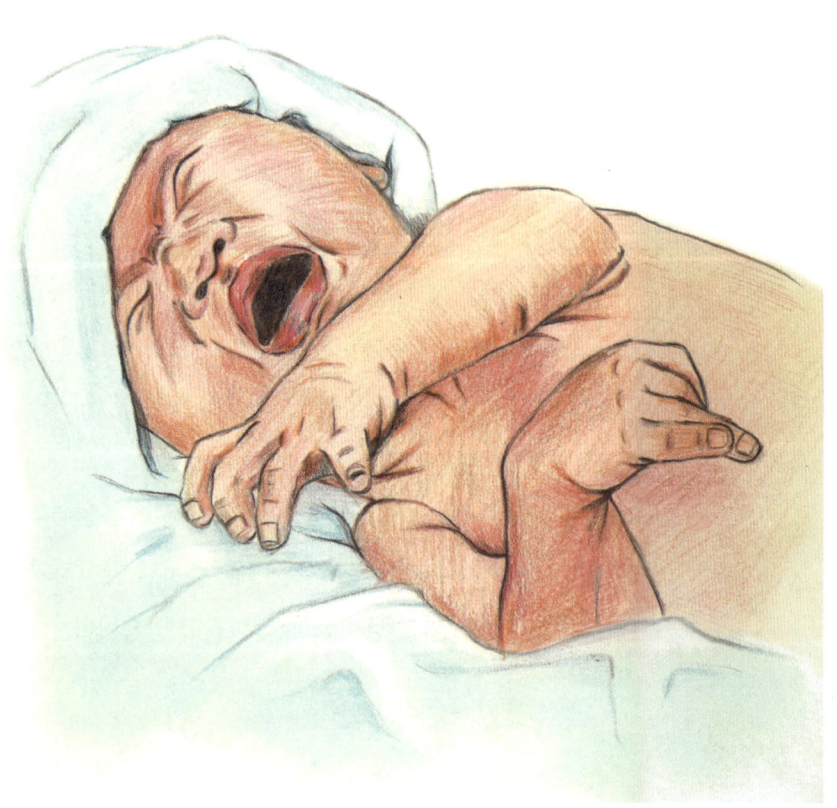

자궁의 문을 닫는 세 번째 방법은 애착을 끊는 것입니다.

내생에 수컷으로 태어나게 되면 내생의 아버지에게 성난 감정을 크게 품게 되고, 내생의 어머니에게는 강한 질투와 애욕을 일으키게 됩니다. 반대로 만약 암컷으로 태어나게 되면 어머니에게 강한 질투와 시기심을 품게 되고, 아버지에게는 강한 애욕과 연정을 일으키게 됩니다. 대상이 부모님은 아니지만 이러한 과정을 잘 보여주는 고토 벤이 저술한 《카르마의 열쇠》라는 책에 소개된 윤회의 사례를 하나 소개해드리겠습니다.

> 이 소녀(환생자)는 스리랑카의 A라는 마을에서 태어났습니다. 그런데 일곱 살 무렵부터 자신이 전생에 산 건너편의 B라는 마을의 한 소년이었다고 말하기 시작합니다.
> 우편배달부였던 아버지와 어머니와 누나들의 외모는 물론이고 다니던 학교와 심지어는 기르던 개의 털 색깔까지 얘기합니다. 부친과 오빠는 직접 확인하기 위해 소녀를 데리고 B마을의 소녀가 지목한 집으로 갑니다. 그러자 놀랍게도 모든 사실이 이 소녀의 증언과 일치하고 있었습니다.
> 그 집에는 한 소년이 있었으나 8년 전에 병들어 죽었다는 것입니다. 그리고 그 소년은 평소 연상의 동성(同性)을 동경하는 소년이었다는 얘기를 듣게 됩니다. 이 얘기를 듣고서 함께 간 소녀의 오빠가 "기분 나쁘다!"라며 여동생을 쥐어박자 여동생이 얼굴을 붉히면서 오빠에게 속삭입니다.
>
> "내가 전생에 이 소년이었을 때 어느 행사에서 오빠를 보고는 첫눈에 반했어요. 저 사람의 아내가 될 수 있다면 죽어도 좋다고 생각했지만 결국은 아내가 되지 못하고 누이동생으로 태어나고 말았군요…"

제7장
110

이윽고 다시 깨어나면 이미 자궁 속이고, 자궁을 벗어나 눈을 뜨면 이미 축생이 되어 버립니다. 앞서 일러드린 자궁의 문을 닫는 첫 번째 방법의 게송을 다시 한 번 명심하십시오. 그리고 여전히 애착의 마음이 일어날 때는 즉각 다음과 같이 관상해야 합니다. "애착으로 인해 생사윤회에 빠졌으니, 만약 여전히 애착의 마음을 끊지 못한다면, 생사의 고해(苦海)에서 오랜 겁 동안 빠져나오지 못하리라. 나는 지금부터 반드시 애착을 끊으리라."

이어지는
세 번째 방법 역시
애착을 거듭 끊는 것입니다.

이번에도 앞과 마찬가지로 이러한 편지의 내용을 잘 살펴볼 수 있는 환생의 경우를 사례를 통해 살펴보겠습니다. 이를 보면, 잔혹한 법칙을 발견하게 되는데, 이 법칙은 바로 애착에서 비롯합니다.

> 앞서 소개한 책(카르마의 열쇠)에서는 A라는 사람을 소개합니다. 이 사람은 처음 태어났을 때 왼쪽 가슴이 찌그러져 있었고, 오른손의 엄지손가락은 손바닥에 늘어붙은 듯 꼬부라져 있었으며 다른 네 손가락들도 이상하게 짧았습니다. 언제인지는 모르겠지만 희미한 기억들이 떠오르기 시작했는데, 그 기억들이란 증오로 일그러진 눈, 거기에 대한 극도의 분노, 분노를 못 이겨 자신도 모르게 오른손에 집어든 칼… 등이었습니다.
> 처음에는 희미하게 떠오르는 이미지였으나 그 이미지들이 의미하는 것이 무엇일까 생각하고 머리 속의 기억을 추적하고 있던 어느 날 갑자기 모든 것을 알게 됩니다. 열 살이 되던 어느 날, 갑자기 선명한 기억이 솟아났던 것입니다. 그리고 이렇게 말합니다.
>
> "그렇다…. 나의 전생의 이름은 B였으며, 한 여인을 사랑했지만 그녀는 죽어도 우리 부모님께 인사하러 갈 수 없다고 우기자 화가 난 나는 오른손에 칼을 쥐고 그녀를 찔러 죽였었다. 그 때문에 오른손이 이렇게 태어났다. 칼을 오른손에 들고 찔러 죽인 업보였어… 가슴이 이렇게 푹 꺼진 것도 그렇다. 같은 장소인 것이다. 나는 그녀의 왼쪽 가슴 바로 그곳을 세 번 찔렀었지…"

제7장
111

　세 번째 방법으로도 자궁의 문이 닫히지 않았다면, 이제 네 번째 방법으로써 모든 것이 실체가 없어서 환영과 같다는 것을 명심하십시오. 내생의 부모님 모습과 온갖 무서운 광경들은 그대의 전생 업력이 빚어낸 환영입니다. 그러니 그대가 그것들을 집착하고 두려워할 이유는 어디에도 없습니다. 그대의 허망한 마음 또한 마치 허수아비와 같이 진실로 있는 것이 아닌데 그러한 마음에서 비롯된 것들이 어떻게 달리 있을 수 있겠습니까?

자궁의 문을 닫는 네 번째 방법은 실체가 없어서 환영과 같다는 진실한 가르침을 기억하는 것입니다.

앞서 제72번째 편지에서 지푸라기로 만든 사자와 유식의 이론에 대해서 살펴보았습니다. 이번의 편지글 역시 그와 같은 맥락입니다. 마지막 부분에 보면, "그대의 허망한 마음 또한 허수아비와 같다"고 합니다. 분량 관계상 허수아비만 언급하였지만, 경전에서 이 단락의 생략하지 않은 전체 내용은 다음과 같습니다.

"이들 모두는 꿈과 같고, 환상과 같고, 메아리와 같고, 공중의 누각과 같고, 신기루와 같고, 그림자와 같고, 허수아비와 같고, 물속의 달과 같아서 한 순간도 실재하지 않음이니, 결단코 진실이 아닌 거짓입니다!"

대승의 유명한 경전이자 조계종의 소의(所依) 경전인 《금강경(金剛經)》에 보면 이와 유사한 너무도 유명한 게송이 있습니다. "一切有爲法 如夢幻泡影 如露亦如電 應作如是觀(일체유위법 여몽환포영 여로역여전 응작여시관)" 이 게송의 뜻은, "일체의 유위법(존재)은 꿈과 같고 환상과 같고 물거품과 같으며 그림자와 같으며 이슬과 같고 또한 번개와 같으니 응당 이와 같이 관찰해야 한다." 입니다.

밀교의 《티베트 사자의 서》나 선종의 《금강경》 모두, 그 경전이 만들어진 지역이나 시기, 그리고 수행법을 떠나 궁극에 이르러서는 모두 같은 이야기를 하고 있음을 확인할 수 있습니다.

제7장
112

네 번째 방법으로도 자궁의 문이 닫히지 않았다면, 이제 마지막 다섯 번째 방법으로 그대의 마음이 청정한 빛처럼 텅 비어 있음을 명상하십시오. 다음과 같이 사유하십시오.
"저 일체를 관상하는 것은 바로 나의 마음이며, 이 마음은 청정한 빛과 같이 텅 비어서 생기지도 않고 멸하지도 않는다."

이렇게 사유한 뒤에 마치 물에다 물을 붓듯이 마음을 조작함이 없이 그대로 놓아두십시오. 이로 인하여 태란습화의 모든 자궁의 문들이 닫히게 됩니다. 이와 같이 자궁의 문이 닫힐 때까지 반복해서 닦도록 하십시오.

자궁의 문을 닫는 다섯 번째 방법은 망자의 마음이 청정한 빛처럼 텅 비어 있음을 명상하는 것입니다.

이번 편지에서는 '명상'이라는 단어가 눈에 들어옵니다. 우리는 흔히 명상이라고 생각하면 전문 수행자만이 닦는 특별한 행위라고 어렵게 생각하곤 합니다. 하지만 명상으로 번역되는 티베트어 '곰(gom)'에는 '친밀해지기'라는 뜻이 있다고 합니다. 즉 명상은 집착을 여의고서 내면에 대한 관조 및 현상계를 바라보는 이전과 다른 새로운 방식과의 친화를 말하는 것입니다.

"내가 지어낸 생각이 도리어 나를 구속하지 않게 하소서." 이는 티베트의 성자인 밀라레파의 기도문 중 한 구절입니다. 결국 내 마음을 (이전까지) 친숙했던 업이 아닌 (이후부터) 친숙해질 의지대로 다스리는 것이 명상입니다. 하지만 우리는 이미 업력에 강하게 지배받고 있는 바, 전환점이 될 만한 것이 필요합니다. 이에 불교에서는 다섯 가지의 주제[60]를 제시하고 있습니다. 그리고 둘루 퇸둡 린포체는 이 주제들에 대해 다음과 같이 설하고 있습니다.

"삶의 이런 측면들(다섯 가지 주제)은 우리의 수행을 촉구하려는 목적으로 인위적으로 꾸며낸 것이 아니다. 그것은 우리 삶의 있는 그대로의 사실이다. 우리는 그것에 의도적으로 주의를 기울일 필요가 있다. 왜냐하면 그렇게 하지 않으면 우리는 그 사실을 당연하게 여기거나 마음이 불편하다는 이유로 생각조차 하지 않을 것이기 때문이다."

---

60) ① 고귀한 삶을 사는 것은 매우 귀하다.
　② 삶은 덧없고 변하기 쉽다.
　③ 삶에서 일어나는 모든 일은 업의 결과다.
　④ 삶은 (윤회의) 불행으로 가득하다.
　⑤ 삶은 최고의 목표를 달성할 수 있는 잠재력을 갖고 있다.

제7장
113

이제까지 자궁의 문을 닫는 가르침들을 설하였으며, 이로 인하여 망자가 해탈할 수 있습니다. 따라서 망자를 위한 천도의식을 행하면서 49재 동안 이 가르침을 정성껏 읽어주는 것이 매우 중요합니다. 비록 한 차례의 독송을 통해서 해탈하지 못할지라도 다음번에는 해탈하기 때문입니다. 이렇듯 한 번에 그치지 않고 반복해서 읽어주는 뜻도 여기에 있습니다.

이러한 방법을 통하여 해탈할 수 있으며, 망자를 위한 49재 기간 동안 반드시 이 내용을 일러주어야 합니다.

이번 편지에서 강조하는 것은 망자가 중음에 있는 동안 이 가르침을 정성껏 여러 차례 망자를 위해 읽어야 한다는 것입니다. '들음'이 갖는 중차대한 의미는 앞서 '내 영혼의 귓가에 들려주는 최후의 깨달음의 노래'라는 비유, 그리고 무엇보다도 이 경전의 원어 그대로의 의미가 "죽음의 과정(중음) 속에서 이 가르침을 듣는 것만으로 망자가 영원한 자유(해탈)을 얻는 위대한 가르침."이라는 점에서도 역시 극명하게 드러납니다.[61]

죽음이 끝(end)이거나 또는 아무것도 없는 무(無), 내지는 암흑과 같은 것이라고 생각하여 이러한 독송과 가르침을 등한시하는 것은 손에 쥐어준 보석을 스스로 버리는 것과 같습니다. 이와 관련한 툴쿠 퇸둡 린포체의 가르침을 다시 한 번 소개합니다.

"죽음은 업의 원인과 결과의 법칙에 따라 본인 스스로가 살면서 지은 열매를 거두는 순간이다. 이러한 업의 순환은 언제나 돌고 있지만, 우리가 피부로 느끼는 그 영향은 우리가 살아 있을 때보다 죽은 다음에 훨씬 더 결정적이고 직접적일 수 있다. 그 이유는 무엇일까? 살아 있는 동안 우리의 마음은 육체적인 구조와 틀에 박힌 일상 속에서 작동하도록 프로그램 되어 있다. 이런 구조를 급격하게 바꾸기란 비교적 어려운 일이다. 하지만 죽음과 함께 마음이 몸에서 풀려나게 되면, 자신만의 길을 가게 된다. 이 때 우리의 인식을 결정하는 유일한 것은 우리가 마음바탕에 심어놓은 습관(업력)이다."

---

61) 추가적인 중요한 내용은 앞서 32번째 편지의 설명 부분을 다시 한 번 읽어보시길 바랍니다.

제7장
114

그대 망자가 생전의 두터운 업 때문에 지금까지 일러준 가르침을 듣고도 아직도 미혹하여 자궁의 문을 닫지 못했다면 이제는 결국 자궁의 문을 선택하여 육도세계의 몸을 받게 됩니다. 따라서 자궁의 문을 선택하는 가르침을 잘 기억해야 합니다.

이제 그대가 태어나게 되는 곳의 상징과 표시가 나타나게 됩니다. 그것을 잘 이해하고 어느 곳에 태어나게 되는가를 잘 관찰한 뒤 그것을 선택토록 하십시오.

하지만 자궁의 문을 닫지 못한 업이 두터운 망자는 결국 자궁의 문을 선택하게 됩니다.

불행히도 자궁으로 향하는 망자를 막지 못하거나 또는 자궁의 문을 닫지 못하면, 이제 망자는 육도윤회의 갈림길 앞에 서서 그 중의 하나를 택하게 됩니다. 우선 대만의 사상가인 남희근 선생의 이야기를 소개합니다.

"여러분들이 인생문제를 물으면 저는 늘 다음 세 마디로 답합니다. 까닭을 모르고 태어나, 어쩔 수 없이 살아가고, 까닭을 모르고 죽는다… (이하 중략)… 죽기는 싫고 살아가자니 아주 고통스럽습니다. 그렇게 살아갑니다. 최후에 죽을 때는 까닭을 모른 채 떠나갈 뿐입니다."

마찬가지로 까닭을 모른 채 죽기 때문에 역시 까닭을 모르고 다시 태어나는 것입니다. 하지만 이들과는 다르게 그 이치를 깨우친 이들은 미국 출신의 라마 수르야 다스가 그의 저서인 《내 마음 속 부처 깨우기》에서 전하는 것처럼, 다음과 같이 당당히 말할 수 있습니다.

"내게 죽음의 시간이 다가오고 있으나 나는 그 어떤 집착도 없습니다. 어렸을 때 나는 죽음을 두려워했어요. 그래서 출가하여 평생토록 열심히 불법을 수행했지요. 나는 이제 죽음을 목전에 두고 있습니다. 나는 후회 없이, 두려움 없이 죽음을 맞이할 수 있기에 진정 행복합니다. 오래된 육신의 올가미가 떨어져 나가는 순간, 나는 새장을 빠져 나온 새처럼 날아갈 것입니다."

제7장
115

먼저 인간계의 네 대륙입니다. 이 중에 동쪽에서는 암수의 백조를, 서쪽에서는 암수의 말을, 북쪽에서는 암수의 소를 보게 됩니다. 비록 이 가운데 장수를 누리는 땅이 있을 지언정 모두 불법이 없는 곳입니다. 남쪽에서는 아름다운 저택과 향기로운 꽃과 탐스러운 과일을 보게 됩니다.

이상의 인간계에 해당하는 네 개의 대륙에 태어날 징조가 보이면, 분명히 깨달아서 경솔히 가지 말아야 합니다. 하지만 부득이 인간의 몸을 받아야만 한다면 반드시 불법이 있는 남쪽 대륙을 선택해야 합니다.

우선 인간계 가운데 남쪽 대륙은 원한다면 들어가도 괜찮습니다.

불교의 우주관에서는 이 세상을 수미산을 중심으로 하여 동서남북으로 나눕니다. 동쪽은 동불바제(수명이 500세)이고, 남쪽은 남염부제(수명 100세), 서쪽은 서구야니(수명 250세), 북쪽은 부구로주(수명 1000세)로써 이렇게 네 개의 대륙(사주四洲)이 됩니다. 흥미로운 사실은 지금 우리가 살고 있는 남염부제(남섬부주라고도 불림)의 인간들이 비록 수명이 가장 적음에도 불구하고 불법(佛法)이 존재하는 유일한 인간계이기에 망자가 다시 태어나려거든 이 곳으로 마음을 두어야 한다는 것입니다.

이러한 인간계는 오직 괴로움만이 존재하는 삼악도나 오직 즐거움만이 존재하는 천상계와는 달리 괴로움과 즐거움이 혼재되어 있는 곳입니다. 티베트의 주요한 논서인 《람림》에서는 이러한 인간계에 태어나기 위해서는 전생에 계율을 잘 지키고, 육바라밀의 수행을 잘 닦으며, 강한 영적 열망을 지녀야 한다고 설하고 있습니다.

하지만 가장 중요한 것은 이처럼 인간계, 그 중에서도 유일하게 불법이 있는 남쪽의 땅에 태어나고도 이 귀한 시간을 헛되이 보내는 경우가 너무나 많다는 것입니다. 시간은 너무도 빠르게 지나가고 공부할 인연은 점점 사라져갑니다. 이를 일깨우는 좋은 글귀를 소개합니다.

"인생은 두루말이 휴지 같은 거야. 처음엔 이걸 언제 다 쓰나 하지만 중간을 넘어가면 언제 이렇게 줄었나 싶게 빨리 지나가지."

제7장
116

다음으로 인간계를 제외한 다섯 곳의 모습이 나타납니다. 만약 그대 망자가 천상계에 태어나게 되면, 갖가지 보석으로 건립된 아름다운 높은 신전을 보게 됩니다. 원하면 들어가도록 하십시오.

다음으로 천상계 역시 원하면 들어가도 괜찮습니다.

　천상계에 대해서 언급하기 전에, 육도의 나머지 네 곳(아수라, 축생, 아귀, 지옥)에도 공통적으로 해당이 되는 내용이기에 우선적으로 다루어야 할 것이 있습니다. 바로 '윤회의 원리'입니다. 이 책에서 줄곧 한 사람이 죽은 이후 다시 태어나기까지(중음)의 이야기를 하고 있음에도 불구하고 윤회를 심정적으로 믿지 않는 분들이 적지 않음을 생각해 보아야 합니다.

　쉽게 예를 들어 설명해 보겠습니다. 사람이 살면서 비록 사람의 몸을 가지고 살지만 전혀 이성적이거나 양심적이지 않고, 동물에 해당하는 어리석고 탐욕이 가득한 업만을 짓는 경우가 있습니다. 실제로 우리 주위에서 볼 수 있는 바입니다. 그렇다면 이 사람의 마음에는 '사람'이 아닌 '동물'에 해당하는 업만이 차곡차곡 쌓여갑니다. 그리고 시간이 흘러 이 사람이 몸을 벗어야 하는 순간에 이른다면, 이제는 마음, 즉 오직 '생전의 업'만 남게 됩니다.

　그렇다면, 오직 '축생의 업'만 익혀온 이 사람이 중음을 떠돌면서, 이러한 도움(독송)을 받지 못한다면 정토나 천상계, 내지는 인간계에 들어갈 수 있을까요? 물과 기름이 섞일 수 없듯이, '축생의 업'으로 가득한 그 사람의 마음은 중음을 떠돌다 축생계로 들어갈 수밖에는 없는 것입니다. 그 사람의 마음(별업別業)과 축생계의 공업(共業)이 서로 강력하게 호응하기 때문입니다.

　천상계 역시 축생계와 반대로 생각하면 마찬가지입니다. 사람의 몸이지만, 생전에 사람의 욕망을 초월하고 수행을 했다면, 중음에서 인간계가 아닌 천상계에 들어가는 것은 지극히 당연합니다.[62]

---

[62] 마지막으로 덧붙여 말씀드리고 싶은 중요한 것은 천상계와 정토는 분명히 다르다는 것입니다. 흔히 천상계와 정토가 같다고 이해하시는 분들이 있는데, 이는 매우 잘못된 것입니다. 천상계는 윤회의 한 영역일 뿐이지만, 정토는 윤회를 벗어난 깨달음을 이루는 해탈의 장소이기 때문입니다.

제7장
117

만약 그대 망자가 아수라계에 태어나게 되면, 아름다운 숲이나 빙글빙글 도는 불 바퀴와 같은 것을 보게 됩니다. 그 곳에는 절대 들어가지 않아야 함을 기억하십시오.

하지만 아수라계는 결코 들어가서는 안 됩니다.

　인도에서는 예로부터 아수라를 싸움을 즐기는 신으로 보아왔는데 세상을 관장하는 제석천과 더불어 늘 싸우는 투쟁적인 악신(惡神)으로서 심지어 싸움 초기에는 제석천을 이기기도 했다고 합니다. 전생에 항상 남을 이기려고 하고 남을 시기하는 마음이 깊어서 아수라의 과보를 받게 됩니다. 또한 아수라는 의심이 많아서 천둥이 치면 하늘의 북이 울린다고 의심하고 비가 내리면 비가 칼로 변한다며 두려워합니다. 아수라계 역시 윤회의 한 영역이자 수행을 할 수 없는 곳이기에 망자가 피해야 하는 곳입니다.

　《법구경(法句經)》에서는 앞서 다룬 천상계에 대해서 다음과 같이 설하고 있습니다. "악도에 떨어진 중생은 인간들을 부러워하고 인간들은 천상의 신들을 부러워하며 천상의 신들은 숲속의 수행자를 부러워하네." 이처럼 진정한 수행자라면 천상의 신조차도 부러워한다고 하는데, 하물며 아수라계나 삼악도 등에 마음을 두어서는 결코 안 될 것입니다.

　그리고 이처럼 천상계나 아수라계처럼 이러한 육도 윤회가 반드시 사후에만 일어나는 일이 결코 아닙니다. 즉 어리석은 마음을 가진 사람은 그 순간 사람의 세계가 아닌 동물의 세계에 있는 것이고, 반대로 깨달음을 얻으면 그 순간 부처님의 세계에 있는 것입니다.

　비유하자면, 어느 방에 촛불이 켜져 있는데 전등을 켠다고 해서 촛불이 꺼지는 것은 아닙니다. 즉 촛불과 전등이라고 하는 다른 존재와 그로 인해 생기는 세계(각기 다른 조명)가 서로 방해되지 않으면서 동시에 유지되는 이치가 육신의 경계를 벗어난 사후에는 더욱 적나라하게 벌어질 것은 너무도 자명한 사실입니다.

제7장
118

만약 그대 망자가 축생계에 태어나게 되면, 동굴과 개미구멍과 초막들이 엷은 안개에 쌓여 있는 것을 보게 됩니다. 절대로 들어가서는 안 됩니다.

이어지는 축생계 역시 삼악도의 하나이므로 결단코 피해야 합니다.

절집에서는 "인신난득 불법난봉(人身難得 佛法難逢 - 사람 몸 받기가 어렵고, 불법 만나기가 어려운 것이다.)"이라는 말을 합니다. 천상과 지옥, 그리고 아수라와 아귀는 중생의 눈으로는 직접 볼 수 없는 세계이기에 체감하기가 쉽지 않은 것이 사실입니다. 하지만 육도 가운데 이 축생계는 쉽게 접할 수 있기에 상대적으로 축생들을 보면서 인간으로 태어나고, 더군다나 불법을 만난 것이 얼마나 다행인지를 거듭 감사하지 않을 수 없습니다. 우리가 평상시에 접하는 축생에 대해 불교에서는 다음과 같이 설하고 있습니다.

"털이 난 것, 뿔이 돋은 것, 비늘이나 거죽이 있는 것, 날개가 달린 것, 네 발을 가진 것, 발이 많은 것, 발이 있는 것, 발이 없는 것 등 결국 이 모든 것들이 물이나 땅, 하늘을 다니면서 서로 잡아먹고 잡아먹히면서 늘 불안해하고 한량없는 고통을 받는다."

도심의 절이 아닌 깊은 산속에 위치한 유서 깊은 사찰에 가면 '종고루(鍾鼓樓)'가 대웅전 앞에 위치해 있습니다. 그리고 이 종고루에는 사물(四物)이라고 하여 새벽과 저녁 예불 전에 법고(法鼓)와 범종(梵鍾), 그리고 목어(木魚)와 운판(雲版)의 순서로 스님들이 직접 소리를 냅니다.

여기서 범종은 지옥의 중생을 제도하며, 법고는 지상의 축생을, 목어는 수중의 축생을, 운판은 하늘의 축생을 각각 제도합니다. 이 부분에서 또한 불교의 자비를 엿볼 수가 있습니다. 제가 아직 부족해서 다른 종교를 깊이 공부해보진 못하였으나, 인간만이 아닌 축생, 나아가 지옥의 중생들까지도 구제를 목표로 하는 종교는 불교가 유일하지 않을까 생각합니다.

제7장
119

만약 그대 망자가 아귀계에 태어나게 되면, 검게 그을린 나무토막과 검고 긴 물건, 깊고 음산한 막다른 골짜기와 흔들거리는 검은 물체들을 보게 됩니다. 그 곳에 들어가면 아귀로 태어나 배고픔과 갈증 등의 온갖 고통들을 받게 됩니다. 그 곳에 절대 들어가지 않고 돌아올 것을 기억하십시오.

역시 아귀계 또한 삼악도의 하나이므로 반드시 피해야 합니다.

아귀계는 크게 세 가지로 나누어집니다. 첫 번째는 전혀 아무것도 먹지 못하는 무재(無財)아귀이고, 두 번째는 고름, 피, 똥, 오줌 같은 것만 먹는 소재(小財)아귀, 세 번째는 사람이 남긴 것이나 먹는 다재(多財)아귀입니다.

마지막 다재아귀는 결국 음식찌꺼기를 먹는 것인데, 이것조차도 아귀계에서는 그나마 가장 낫다는 것입니다. 그럼에도 불구하고 설령 다재아귀가 음식찌꺼기를 얻는다고 해도 곧 하늘에 불려가서 그런 음식조차 얻었다고 칼과 몽둥이로 두들겨 맞기 때문에 늘 숨고 도망치고 쫓겨 다닌다고 합니다.

무재아귀의 종류 가운데 한 종류만 설명을 드리자면, 침인(針咽)아귀라 하여 목구멍이 바늘구멍처럼 작은데 그에 반해 배는 산만큼 큰 아귀가 있습니다. 큰 배를 채우기 위해 늘 굶주리지만 보통의 물은 업력으로 인해 불로 보이기 때문에 한 방울도 삼키지 못하고 있다가, 스님들이 공양하고 씻은 물을 거두어 큰 방 가운데 모아 놓으면 큰방 천장에 붙여 놓은 천수다라니가 그 물이 비추어지니, 그 때 비로소 물로 여겨 마실 수 있다고 합니다.

예전 행자교육원 시절, 아직 발우공양이 서툴러서 여러 차례 퇴수통(발우 씻은 물을 거두는 통)에 고춧가루나 음식찌꺼기 등이 담겨져 나오자 이것이 아귀들에게 얼마나 고통인 줄을 아느냐며, 벌칙으로 그 퇴수물이 가장 지저분한 줄의 행자들이 다시 나누어 마셨던 기억이 납니다. 결국 앞서 축생들과 관련한 사물(四物)에서도 다루었지만 이처럼 발우공양에서도 아귀계의 중생들을 생각하는 불교의 자비정신을 다시 한 번 느낄 수가 있습니다.

제7장. 세 번째 중음 : 재생중음 - 재생의 기로에서

제7장
120

만약 그대 망자가 지옥계에 태어나게 되면, 악업에 의해서 노랫소리를 듣거나 암흑의 땅과 검은 집 혹은 붉은 집과 검은 흙구덩이 내지는 시꺼먼 길 등으로 끌려 들어가는 광경이 나타납니다. 그 곳에 들어가면 지옥에 태어나게 됩니다. 정녕 참지 못할 처절한 고통들을 벗어날 기약도 없이 받게 됩니다. 그 속으로는 절대로 들어가서는 안 됩니다. 자궁의 문을 닫고 해탈의 길로 돌아올 것을 기억하십시오. 가장 중요한 순간입니다.

마지막의 지옥계는
삼악도의 가장 끔찍한 곳이니
죽을 힘을 다하여 무조건 피해야 합니다.

육도윤회 가운데 가장 피해야 할 곳은 당연히 지옥[63]입니다. 그렇다면 도대체 어떠한 악업을 지었기에 지옥에 떨어지는 것일까요? 불교에서는 오역죄[64]를 짓거나 높은 수준의 열 가지 악행[65]을 지으면 지옥에 떨어진다고 합니다. 우리가 지옥에 대해서 관념적으로 이해하는 경우가 많은데, 그에 대해 경각심을 일깨우는 달라이 라마 존자님의 말씀을 소개합니다.

"지옥만이 가지고 있는 고통의 형태는 극심한 더위와 추위, 고문 등과 같은 것인데 이는 체험하기 불가능한 것도 아니고 인간의 상상력 밖에 있는 것도 아닙니다. 우리 주변을 둘러보면 사방에서 무수한 사람이 다 고통에 휩싸여 있는 것을 보게 됩니다. 이렇게 생각할 때, 육신이 죽은 후에 이와 비슷한 상황이 일어나지 않으리라고 어떻게 기대할 수 있을까요? 죽음의 순간, 그 때 우리에겐 업의 흔적만이 있을 뿐입니다. 그리고 회환으로 가득 찬 그 순간에 지옥이란 존재하지 않는다고 오만하고 자신 있게 행동한 지금의 몸과 말과 행동을 뼈저리게 후회할지도 모르는 일입니다."

---

63) 땅 아래에 있는 감옥이므로 그 이름을 지옥(地獄)이라고 합니다. 지옥은 크게 여덟 추위의 지옥과 여덟 더위의 지옥이 있으며, 각각 권속이 있고 그 종류가 무수하며, 그 속에서 괴로움을 받는 강도와 그 기간은 망자가 생전에 각기 그 지은 바 업에 따라 비례합니다. 가장 업이 중대한 곳에서는 하루 동안에 팔만 사천 번을 태어났다가 죽으면서 무한한 겁을 지내게 됩니다. 이곳을 소위 무간지옥(無間地獄 - 쉴 사이 없이 고통을 받는 경우)이라고 합니다.
64) 오역죄(五逆罪)는 아버지를 죽이는 것과 어머니를 죽이는 것, 그리고 덕이 높은 수행자를 죽이는 것과 부처님 몸에 피내는 것, 마지막으로 화합 승가를 깨뜨리는 것을 말합니다.
65) 예불 때 즐겨 독송하는 《천수경(千手經)》에 나오는 십악참회(살생, 투도, 사음, 망어, 기어, 양설, 악구, 탐애, 진에, 치암)의 죄악을 말합니다.

제7장. 세 번째 중음 : 재생중음 – 재생의 기로에서

제7장
121

그대 망자에게 이러한 육도의 상징이 나타난 후에는 목숨을 쫓는 악귀가 앞뒤에서 쫓아오는 것이 마치 망나니가 형장으로 인도하는 것 같습니다. 동시에 짙은 암흑과 고함 소리, 그리고 사나운 비바람의 광경이 그대에게 나타납니다. 그것을 두려워한 나머지 피할 곳을 찾다가 아름다운 집, 바위굴, 흙구덩이, 시든 연꽃 등의 환영을 보게 됩니다. 악귀 등을 피하기 위해 그곳으로 들어가는 순간 입구가 닫히게 되는데, 도피처라고 생각한 그 곳이 바로 자궁입니다. 그래서 내생에 비천한 몸을 얻은 뒤에 온갖 처참한 고통들을 받게 됩니다. 이것은 사악한 악귀들이 그대에게 방해를 일으키는 표시입니다.

이러한 육도의 상징 이후에 망자를 더욱 두렵게 하는 온갖 사나운 광경들이 펼쳐집니다.

이상으로 인간계부터 지옥계에 이르기까지 육도윤회에 대해서 간략히 살펴보았습니다. 그 이후에는 악귀가 나타나 망자를 다시 혼란스럽게 한다는 내용이 이번 편지에서 이어지고 있습니다. 육도윤회에 대해서 다루었지만 사실 우리가 갈 수 있는 세계는 (윤회의) 여섯 곳이 아니라 모두 열 개에 해당합니다. 즉, 육도윤회를 제외한 깨달음의 네 곳이 더 있음을 알아야 합니다. 정토불교의 스승인 중국의 철오스님은 이에 대해서 다음과 같이 말씀하셨습니다.

"무릇 우리가 부처님 세계를 생각하지 않는다면, 우리는 곧 그 아래의 아홉 세계(九界)[66]를 생각하게 됩니다. 그리고 성문(聲聞)과 연각(緣覺), 보살(菩薩)인 세 성인의 경지(삼승三乘)를 생각하지 않는다면, 곧 육도를 생각하게 됩니다. 그 가운데에서도 인간이나 천상을 생각하지 않는다면 곧 삼악도(三惡道:지옥, 아귀, 축생)를 생각하게 됩니다. 그 중에서도 아귀나 축생을 생각하지 않게 된다면, 곧 지옥을 생각하게 됩니다."

우리 마음은 생전에 익힌 경계에 따라서 죽은 후에 그 곳에 태어나게 되어 있습니다. 중음의 일체 경계들이 모두 자신이 살면서 지어놓은 영상이고, 그에 따라 끌려가서 다시 태어난다는 사실을 명심한다면, 이 순간에 품는 하나의 생각조차도 진실로 가벼운 것이 아닐 것입니다.

---

[66] 육도윤회 외에 깨달음의 세계인 성문(제7 : 법을 듣고서 깨우친 성인)과 연각(제8 : 연기법의 이치를 깨우친 성인), 그리고 보살(제9)의 세계를 합해서 아홉 곳이 됩니다. 부처님 세계까지 합하여 총 열 곳입니다.

제7장
122

악귀들에게 쫓길 때, 그대는 성스러운 존자들의 모습을 관상하십시오. 그리고 성스러운 존자들이 온갖 악귀들을 무찌르는 모습을 떠올리도록 하십시오. 이로 인해 공포로부터 벗어나게 됩니다. 이 악귀들도 역시 그대의 의식에서 나온 환영들이므로 실체가 없습니다. 이 때 만일 그대가 공에 대한 가르침을 기억해낼 수만 있다면 그것이 가장 좋습니다. 그것이 불가능하다면 집중하여 모든 것이 환영이라고 명상하십시오.

> **이러한 위급한 상황에서 성스러운 존자들과
> 공에 대하여 관상함으로써
> 자궁의 문을 바르게 택하는 힘을 얻게 됩니다.**

우리가 공을 깨닫지 못하고 환영을 환영으로 인식하지 못하는 가장 큰 이유는 몸에 대한 집착 때문입니다. 사실 지금까지 설한 숱한 가르침에도 불구하고 망자가 여기까지 유랑한 근본 원인 역시 '생전'의 몸(나)에 대한 집착과 함께 '내생'에 다시 몸(나)을 받아서 다시 욕망을 이어가려는 강한 업력으로 인한 것입니다. 따라서 이번 책을 마치기 전에 이 몸뚱아리에 대해서 한 번 생각해보기로 하겠습니다. 이와 관련하여 쇼갈 린포체는 다음과 같은 좋은 말씀을 전하였습니다.

"육체는 사람의 진정한 정체성이 아니다. 육체는 단지 우리의 마음(의식)이 잠시 머무는 여인숙일 뿐이다. 몸과 마음이 분리되자마자 육체는 자연의 요소들과 섞이어 영원히 사라지고 만다. 하지만 우리의 마음은 끝나지 않을 것이다. 마음은 우리가 과거에 갖고 있던 습관적인 성향, 곧 업의 법칙에 따라서 다른 육체와 정체성을 갖고 환생함으로써 계속될 것이다."

티베트어로 '몸'은 '뤼(lu)'라고 합니다. 그것은 '사람이 떠난 뒤에 남는 것'을 의미합니다. 따라서 일상 대화 중에서 '뤼'라는 말이 나올 때마다 그들은 인간이란 이 삶과 육신에 잠시 머무는 여행자일 뿐이라는 사실을 상기한다고 합니다. 그리고 지혜로운 이들은 다음과 같이 말합니다.

"제정신이라면 어느 사람(마음)이 여관(몸)에 투숙할 때마다 여관방을 괴팍스럽게 다시 장식하려고 하겠는가?"

제7장
123

지금 그대에게는 신통력이 있어서 모든 탄생 장소들을 알 수가 있습니다. 그러므로 잘 선택토록 하십시오. 극락정토에 태어나는 최후의 방법은 다음과 같은 기도를 통해서 가능합니다. 이처럼 관상하고 다짐하십시오.

"아! 무시이래 헤아릴 수 없는 긴 세월이 그렇게 흘러갔건만, 나는 아직도 윤회의 수렁에서 헤어나지 못하고 맴돌고 있으니 이 얼마나 슬픈 일인가! 많은 이들이 해탈하는 동안 나만은 해탈하지 못하였으니 이 얼마나 부끄러운가! 지겨운 윤회의 삶이 너무도 두렵고 싫구나! 이제 탈출의 시기가 도래했도다! 서방극락정토의 아미타불 앞에서 한 송이 연꽃 속에 화생하리라!"

마지막으로 정토에 왕생하는 가르침과 다짐이 있습니다.

이번에 그린 그림은 평생 정토수행을 닦으신 대만 광흠스님의 1986년 열반 하루 전의 모습입니다. 그리고 뒤의 제124번째의 그림은 이번 그림과 연관관계가 있습니다. 정토에 태어나는 임종자에게는 임종의 순간에 이르러 열 가지의 징조[67]가 나타난다고 합니다.

스님께서는 입적의 순간에도 염불을 멈추지 않았다고 하며, 뒤의 그림은 놀랍게도 입적하시기 하루 전에 광흠스님의 머리 위에 떠오른 연꽃을 그 절의 신도회장이 촬영한 사진을 제가 그린 것입니다. 즉 이번 그림(123)과 다음 그림(124)은 동시에 벌어진 상황입니다. 제가 여태껏 본 모든 연꽃을 통틀어 가장 아름다운 연꽃입니다.

염불행자가 한 번 염불할 때마다 훗날 정토에 태어날 자신의 연꽃이 그 염불 소리를 따라 커진다고 합니다. 지금 잠시 눈을 감고 "나무아미타불"을 외면 정토에 태어나실 연꽃을 심으신 것과 마찬가지입니다. 산란한 마음을 다잡기 위한 구절로 제가 가장 좋아하는 가르침은 다음과 같습니다.

"애착이 무겁지 않으면 사바세계에 다시 태어나지 아니하고, 염불(생각)이 한결같지 못하면 극락정토에 왕생하지 못한다."

---

67) ① 마음이 뒤집히지 않는다 ② 미리 왕생할 때가 되었음을 안다
③ 정념(正念)을 잃지 않는다 ④ 스스로 목욕하고 양치질하고 옷을 갈아입는다
⑤ 스스로 염불할 수 있다(소리를 내든 속으로 하든) ⑥ 단정하게 앉아 합장을 한다
⑦ 기이한 향내가 방안에 가득하다 ⑧ 광명이 몸을 비추어 준다
⑨ 하늘 음악이 허공에서 울린다 ⑩ 게송을 읊어 대중을 독려한다

제7장
124

이렇게 서방의 극락정토를 향해서 강렬한 발원을 일으키고 집중하십시오. 또한 동방과 남방, 북방. 또는 그 외에 어떠한 정토라도 그대가 원하는 정토를 향해서 강렬한 발원을 일으켜 산란함이 없이 일념으로 집중하고 명상하도록 하십시오. 즉시 그 곳에 태어나게 됩니다. 또한 도솔천에 계시는 미륵 부처님의 회상에 왕생하기를 원한다면, "이제는 때가 되었으므로 도솔천에 계시는 미륵 부처님 앞으로 가리라"와 같이 강렬하게 발원토록 하십시오. 즉시 미륵 부처님께서 계신 곳에 왕생한 뒤 연꽃 속에서 태어나게 됩니다.

사방의 정토와 도솔천에도 역시 왕생할 수 있습니다.

정토불교의 논서인 《정토생무생론(淨土生無生論)》에서는 총 열 가지의 문(門: 방법)으로 정토를 정리하고 있습니다. 이 가운데 아홉 번째 문이 '피차항일문(彼此恒一門 – 나와 저가 항상 하나인 문)'입니다. 여기서 소개된 게송은, "만약에 사람이 임종 시에 정념을 잃지 않는다면, 부처님의 광명을 보기도 하고 연화를 보기도 하는데, 그러면 그는 이미 극락의 보배로 된 정토에 왕생한 것이다."입니다.

이처럼 불전(佛典)에 있는 가르침을 광흠스님께서는 너무도 아름다운 연꽃을 통해 몸소 보여주신 것입니다. 그리고 이 논서에서는 염불수행자(피彼)와 극락세계(차此)가 하나라는 이유를 극락세계가 우리들 마음 가운데의 한 국토일 뿐이요, 사바세계도 역시 우리 마음 가운데의 한 국토일 뿐이기 때문이라고 설하고 있습니다.[68] 비단 서방정토만이 아니라 편지의 내용처럼 어느 곳이든 갈수 있으니 이를 《능엄경(楞嚴經)》에서는 다음처럼 설합니다.

"중생이 임종 시 아직 체온을 잃기 전에 일생 동안 지은 선악의 업이 한꺼번에 나타난다. 이 때 마음 가운데 깨끗한 생각이 더욱 강해지면 위로 날아가서 바로 그에 맞는 몸을 받게 된다. 이렇게 깨끗한 생각이 강한 가운데 복과 지혜와 청정한 원력까지 갖추었으면, 자연히 마음이 열리어 시방세계의 부처님을 뵙게 되며, 원을 따라 모든 정토에 왕생하게 된다."

---

68) 부연하면 다음과 같습니다. 국토를 기준으로 하여 말하면, 사바국토와 극락국토는 십만 억 국토나 떨어져 있으나 마음을 기준으로 하여 살피자면 원래부터 멀거나 가까운 차별이 없는 것입니다. 다만 중생이 태어난 이후로 오온의 한정된 마음에만 머물러 있기에 참된 마음(일심)의 근원에 계합하지 못하는 것입니다.

제7장 125

만약 이러한 방법이 불가능해서 그대가 업력 때문에 자궁에 들어가기를 바라거나 또는 반드시 들어가야 할 필요가 있으면, 이 때 자궁을 바르게 선택하는 가르침이 있습니다. 인간계의 사대주 가운데 불법이 융성하는 남섬부주로 들어가도록 하십시오.

그대가 임신하지 않은 자궁 속의 정자와 난자를 보게 되면, 이 덩어리를 향기롭게 여기는 잘못된 생각이 일어나서 그것을 애착하게 됩니다. 그 덩어리들에 대하여 어떠한 집착함도 없이, 탐착과 성냄을 버린 상태에서 좋은 자궁을 선택토록 하십시오.

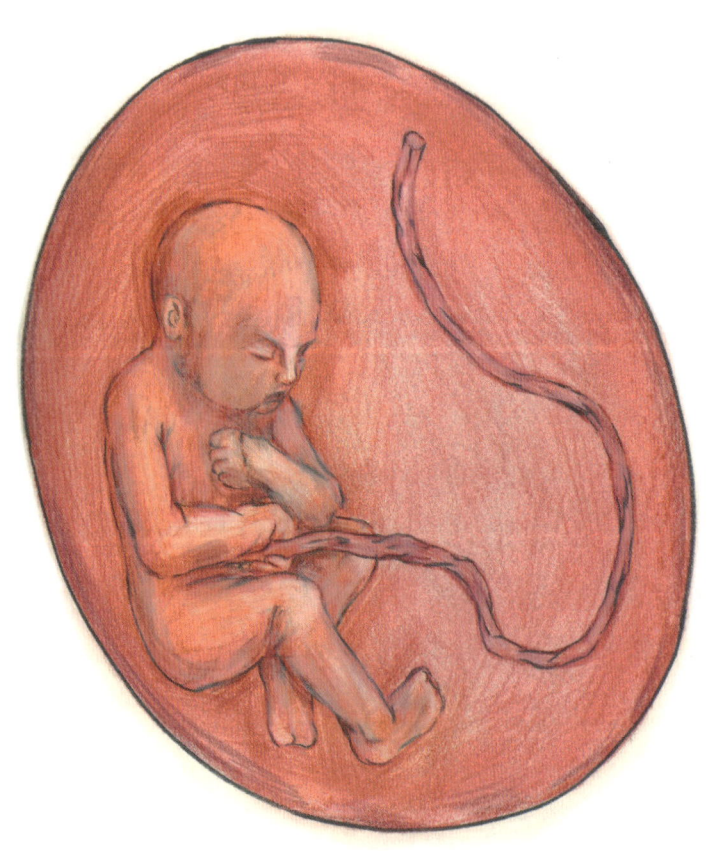

또한 마지막으로 인간의 몸을 받는 가르침이 있습니다.

　본문 첫 줄에 "그대가 업력 때문에 자궁에 들어가기를 바라거나, 또는 반드시 들어가야 할 필요가 있으면"이라는 구절이 있습니다. 두 부분으로 나눌 수 있는데 전자는 업력 때문에 자궁에 들어가기를 바라는 경우(끌려가는)를 말하며, 후자의 '반드시 들어가야 할 필요'라는 의미는 업력으로 태어나는 것이 아니라 원력으로 태어나는 보살의 삶을 말합니다.

　수행이 높은 보살들은 이처럼 내생의 몸을 업력이 아닌 원력으로 자유자재로 선택할 수 있다고 합니다. 이를 잘 살펴볼 수 있는 것이 티베트의 달라이 라마 스님의 경우입니다.

　우리나라의 경우나 티베트의 경우나 고승이 열반을 하면, 모든 불자들이 모여 그 스님을 위하여 기도를 올립니다. 하지만 그 기도의 방식이 180도 다릅니다. 우리나라 같은 경우는 극락왕생하시라고 합니다. 이 경우 그 스님은 보살의 마음을 내서 다시 이 세계로 돌아와 중생을 위한 삶을 살고 싶은데 중생들이 극락으로 가라니, 이 사바로 돌아오지 못하고 맙니다.

　반대로 티베트의 경우는 불자들이 관세음보살님의 모습으로 다시 돌아와 달라고 기도합니다. 그래서 망자가 된 스님이 많은 불자들의 염원의 힘으로 그 원력을 성취하여 다시 돌아오게 되는 것입니다. 실제로 티베트인들은 달라이 라마 스님을 관세음보살님의 화신으로 생각합니다.

제7장
126

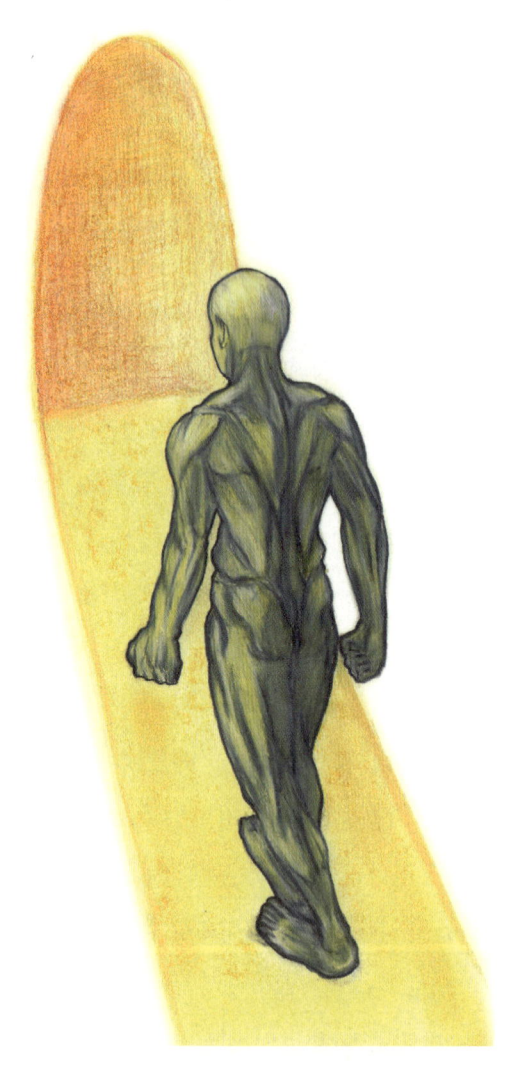

또한 중생을 위한 삶을 살기 위해서 인간계에 태어나겠다는 발원을 일으키는 것이 매우 중요합니다. 발원과 함께 자궁이 천궁으로 바뀌었음을 관상하고 시방세계의 모든 부처님과 보살님들, 특별히 관세음보살님께 기원을 올린 다음 그분들께서 베푸는 축복을 사유하면서 자궁에 들어가도록 하십시오. 발원의 내용은 다음과 같습니다.

"나는 일체중생을 위해서 인간의 왕이나 훌륭한 수행자로 태어나야 한다. 또는 청정한 집안이나 종교적인 수행으로 가득한 집에 태어나 모든 중생들을 위해 봉사할 수 있는 몸을 갖추리라!"

자궁에 대한 탐착을 버리고
중생을 위한 삶을 살기로 서원을 세우고
자궁으로 들어가야 합니다.

죽음의 문턱에서 다시 살아 돌아온 임사체험자들의 진술에 따르면, 죽음의 순간 빛이 나타나고 그 속에서 공통적으로 이런 질문이 들린다고 합니다.

"그대는 인류를 이롭게 하고 향상시키기 위해 일생동안 무엇을 했는가?"

과연 이 질문에 얼마나 당당히 답할 수 있을까요?

우리가 아직 살아 있는 동안은 기회가 있습니다. 그 기회를 그냥 허무하게 보내지 않고 정말 간절하게 자비심을 일으킬 수 있도록 마음을 내야 합니다. 7~8세기 인도의 고승인 산티데바는《입보리행론(入菩提行論)》에서 다음과 같이 설합니다.

"인간에게 부여된 자유를 지니고 태어난 이생에서 선행을 쌓지 않는다면, 다음 생에 무지와 고통에 시달리는 지옥에 태어났을 때 내가 무엇을 할 수 있을 것인가?"

우리는 종종 관세음보살님의 명호를 부르며 기도를 합니다. 하지만 가장 뛰어난 관세음보살 기도는 '바로 내가 직접 이 순간 관세음보살처럼 사는 것'입니다. 그렇게 살고 수행하고 염불을 하면 실제로 그 사람의 얼굴이 관세음보살님의 상호로 변해가는 것을 볼 수 있습니다. 하지만 그와 반대로 기도와 수행은 고사하고 평생을 이기심으로 가득한 사람의 얼굴은 쳐다보기만 해도 좋지 않은 기운을 느낄 수가 있습니다.

제7장 127

하지만 이러한 가르침을 일러줄지라도 대부분의 중생은 나쁜 습기의 업력에서 벗어나기가 어렵습니다. 그대 망자가 아직까지도 애착을 버리지 못했다면, 숙세의 지혜가 없고 악업도 무거운지라 반드시 축생도에 떨어지게 됩니다. 혹여 인간의 몸을 다시 받더라도 심성이 축생과 같습니다. 하지만 이처럼 어리석은 자들 또한 삼귀의를 통해서 고통에서 벗어나는 법이 있습니다. 이에 최후의 가르침으로, 망자 그대의 이름을 세 번 부른 뒤 다음의 내용을 일곱 번 독송해 드릴 테니, 모든 힘을 다하여 집중하십시오.

아직도 업이 두터운 망자를 위한 최후의 가르침은 곧 망자가 삼보께 귀의하도록 인도하는 것입니다.

우리가 불법승 삼보에 귀의하라고 해도 이를 다소 관념적으로 받아들이는 경향이 있는데, 쉬운 언어로 이 삼귀의를 아주 잘 설명해 놓은 달라이 라마 존자님의 말씀을 먼저 소개하겠습니다.

"첫째로 부처님께 귀의를 했으니 헛된 세간의 신에는 더 이상 의지를 하지 말고 부처의 상과 그림을 실제로 부처님께서 현현하신 것으로 보아야 합니다. 둘째로 법에 귀의를 했으니 다른 중생을 다시는 해치지 말고 성스러운 경전에 불경함을 보이지 말아야 합니다. 셋째로 승가에 귀의를 했으니 참된 스승이 아닌 사람에게 시간을 더 이상 낭비하지 말고, 수행에 도움이 되지 않고 삿된 길로 인도하는 친구에게 시간을 낭비하지 않아야 합니다."

사후에 낮은 영역으로 환생할 운명이 우리를 기다리고 있지 않다는 보장은 어디에도 없습니다. 그러나 낮은 영역으로 환생하지 않도록 삼보가 우리를 보호해 준다는 것은 확실합니다. 티베트에서는 출가할 때 고승이 출가자에게 다음과 같이 묻는다고 하는데, 저는 이 질문이 불교에 귀의하는 마음을 가장 잘 표현하고 있다고 생각합니다. 제가 참 좋아하는 구절입니다.

"부처님의(불) 가르침 안에서(법) 그대는(승) 행복하시겠습니까?(열반)"

제7장
128

> 망자여! 마지막 독송이니 간절히 들으십시오!
> 그대가 끝내 애착과 성냄, 그리고 어리석음으로 인해서 자궁의 문을 선택하는 법을 알지 못한다면 결국 앞서의 광경들이 나타나게 됩니다.
>
> 이때 두려워말고 불법승 삼보께 귀의하십시오!
> 대자대비하신 관세음보살님께 기도하십시오!
> 머리를 위로 향해서 걷도록 하십시오!
> 현재 중음에 있음을 깨닫도록 하십시오!
> 가족들과 친구들에게 더 이상 애착하지 말지니 이제 그들은 더 이상 도움이 되지 않습니다!
> 지금 인간계의 푸른빛과 천상계의 하얀빛 속으로 들어가도록 하십시오!
> 봄날의 아름다운 정원과 빛나는 보석의 궁전 속으로 들어가도록 하십시오!
>
> 그 길로 들어가고 돌아보지 마십시오!
> 부처님의 가르침 안에서 행복을 찾으십시오!
> 나무아미타불 관세음보살.

삼보께 귀의하고
대자대비하신 관세음보살님께
기도해야 합니다.

어느새 이 책의 마지막 편지에 이르렀습니다. 본문 마지막 설명을 마치며 지금껏 다룬 중음에서 망자가 도달해야 할 이상향인 '정토'와 관련하여 꼭 언급하고 싶은 이야기가 있습니다. '정토'를 마치 기독교의 '천국'과 같이 사후에 가는 곳으로만 받아들이기 쉽습니다.

이번 책은 중음을 떠도는 망자를 중심에 놓고 만들어진 책이므로 그렇게 받아들이는 것이 당연할 수도 있습니다. 이와 관련하여 베트남 불교의 스승인 틱낫한 스님은 다음과 같은 가르침을 전하였습니다.

"The Pure Land is Now or Never
 정토는 지금이 아니면 갈 수 없다."

지금까지 이 편지를 독송한 우리 모두, 그리고 이 편지를 저 중음에서 듣는 망자 모두에게 있어 정토는 결코 멀리 있는 것이 아닙니다. 이러한 관점에서 마음 안에 정토가 있다는 유심정토(唯心淨土)를 설하기도 합니다. 이처럼 삶의 순간에서 정토의 깨달음을 체험하고 실천하는 정토행자의 삶 역시 우리가 놓치지 말아야 합니다. 하지만 제가 진실로 강조하고 싶은 것은 실제로 존재하는 서방정토(西方淨土)입니다. 물질계가 내심(內心)의 반영이듯이, 극락세계 역시 청정한 사념(思念)의 결과인 물질세계로써 우리가 사후에 왕생하는 국토로 실제 존재합니다. 이처럼 삶과 죽음 속에서 정토에 대한 바른 이해와 믿음을 지니는 것은 무척 중요합니다.

"불교의 수행이란 있는 그대로의 자신으로 있는 것이고,
거기에는 지금 있는 그 곳에 그대로 머무는 것도 포함된다.
우리가 현재 머물고 있는 곳은 현생이다.
우리가 중음 같은 곳에 머물려고 애쓴다면 그것은 불교의 수행이 아니다.
그것은 참된 것이 아니다. 지금 여기에 있는 것이 아니라
미래에 가 있으려고 애쓰고 있는 것이다.
마찬가지로 중음에 이르렀을 때 현생과 같은
다른 곳에 가 있기를 갈구한다면 이 역시 불교의 수행이 아니다.
그것은 있는 그대로의 자신으로 있는 것이 아니라
과거에 머물고자 애쓰는 것이다.
우리는 죽어가고 있다면 '죽어가고 있는' 바로 그 사람이 되어야 한다.
그리고 여기서 핵심은 어느 순간, 어떤 환경 아래서도
그것이 죽음이라고 할지라도 있는 그대로의 자신이 되기를
두려워하지 말아야 한다는 것이다.
따라서 불교의 수행은 지금 이 순간으로 되돌아오는 것,
즉 '현재'에 머무는 것에 초점을 맞추고 있다.
이를 연습하는 가장 효과적인 수행은
지금 내쉬고 들이쉬는 숨에 마음을 집중하는 것이다."

– 족첸 폰롭 린포체

제8장

네 가지 기도문 소개

이번 제8장은 네 가지 기도문입니다.
앞서 제1장의 10번째 편지를 보면,
제가 그림편지로 옮긴 《티베트 사자의 서》의 경전 본문 내용을
망자에게 일러주기 전에, 해야 할 두 가지 절차가 나옵니다.
첫 번째는 공양 올리기이고, 두 번째가 네 가지 기도문을
독송하는 것입니다. 즉 편의상 제8장에 배치하였을 뿐,
실제로는 제2장부터 시작되는 본문에 앞서 독송하는 것입니다.
이 기도문들은 망자를 위해 독송함과 동시에 자신의 죽음을 대비해서
읽는 두 가지 효과를 동시에 지니고 있습니다.

기도문 1

모든 부처님과 보살님들께
가호를 청하는 기도

오, 시방세계에 계시는 제불보살님이여!
무량한 대비심을 갖추신 분들이여!
일체를 다 아시는 큰 지혜를 갖추신 분들이여!
깨달음의 청정한 눈을 갖추신 분들이여!

무량한 자애심을 갖추신 분들이여!
중생의 어진 귀의처인 거룩하신 분들이여!
이제 일심으로 우러러 청하오니,
대비의 큰 신력으로 이곳에 오소서!
저희들이 정성을 다해 올린 공양을 거두어 주옵소서!

오, 대자대비하신 분들이여!
위없는 최상의 지혜와 자애의 대비와
다함이 없는 이타심과 중생의 고통을 없애주는
불가사의한 신통력을 갖추신 거룩하신 제불보살님이여!
지금 000(망자의 이름)가 이 세상에서 저 세상으로 떠나고 있습니다.

오, 대자대비하신 분들이여!
죽음의 고통이 무량한데, 지금 망자에게는 곁에 있는 친구도 없고,
구원하는 자도 없으며, 나아가 보살피는 자도 없습니다.
이생의 생명의 빛은 꺼지고 알 수 없는 저생으로 떠나가고 있습니다.
중음의 깊은 어둠 속으로 들어가고 있습니다.

무서운 업보의 환영에 쫓기고 있습니다.
황량한 들판으로 달아나고 있습니다.
거대한 해일에 휩쓸리고 있습니다.
사나운 업풍에 휘날리고 있습니다.
정처도 없이 유랑하고 있습니다.
잔인한 악마에게 붙잡혀가고 있습니다.

염라대왕의 옥졸들을 두려워하며 떨고 있습니다.
업의 세계에서 다시 업의 세계로 들어가고 있습니다.
지금 그에게는 어떠한 힘도 없습니다.
아무도 없이 홀로 가야만 하는 때가 도래하였습니다.

오, 대자대비하신 분들이여!
이 고독한 망자의 어진 귀의처가 되어 주시옵소서!
중음의 암흑과 사나운 붉은 업풍에서 구원하여 주시옵소서!
염라대왕의 공포에서 구출하여 주시옵소서!
중음의 길고도 험난한 길에서 구호하여 주시옵소서!

오, 대자대비하신 분들이여!
끝이 없는 대자비를 아끼지 마시옵고, 구원을 베풀어 주시옵소서!
망자가 삼악도에 떨어지지 않게 지켜 주시옵소서!
숙세의 크신 구제의 서원을 잊지 마시옵소서!
자비의 위신력을 신속하게 베풀어 주시옵소서!

오, 대자대비하신 제불보살님이여!
이 고독한 000에게 끝없는 대자비와
신묘한 방편과 불가사의한 신통력을 아끼지 마시옵소서!
크나큰 자비로 거두어 주시옵소서!
악업의 힘에 떨어지지 않게 막아 주시옵소서!

오, 거룩하신 삼보자존이여!
일심으로 우러러 청하오니,
이 외로운 000을 두렵고 무서운 중음의 공포에서
구원하여 주시옵소서!

기도문 2

여섯 중음의 실상을 밝히는 기도

아! 나에게 생존의 중음이 환상처럼 나타나 오는 이때,
인생은 짧아 시간도 없기에 나태와 산란을 단호히 끊고
문사수(聞思修)의 불법 수행 길에 들어가리라!
현상과 마음, 이 모두를 큰 깨달음으로 바꾸어서
법신과 보신, 그리고 화신의 삼신(三身)을 닦아 증득하리라!
소중한 사람 몸을 한 번 얻은 이때 산란에 떨어져 방일하지 않으리라!

아! 나에게 꿈의 중음이 환상처럼 나타나 오는 이때,
무지한 송장처럼 누워있지 않고 부동의 정념으로 본성에 머물며,
꿈을 인지하며 깨어 있는 마음으로 꿈속의 변화들을
마치 임종중음에서와 같이 청정한 빛으로 닦아 얻으리라!
짐승처럼 몽매하게 잠들지 않고
꿈속에서 청정한 빛과의 화합을 닦으리라!

아! 나에게 선정의 중음이 환상처럼 나타나 오는 이때,
산란과 착란의 일체 망상을 버리고 동요도 없고 집착함도 없으며,
희론도 끊어진 상태에 머물며 밀교수행의 경지를 얻으리라!
세상사의 번다한 일들을 끊고 오로지 한길로 닦는 지금
번뇌와 욕망의 거친 소용돌이 속에
다시는 결코 빠지지 않으리라!

아! 나에게 임종의 중음이 환상처럼 나타나 오는 이때,
모든 애착과 원한들을 버리고
청정한 빛에 대한 가르침을 밝게 기억하는 마음으로
생멸을 여읜 청정한 하늘을 향해 의식을 보내어 진리와 하나가 되며,
혈육이 뭉친 번뇌가 흘러넘치는 이 몸뚱이를 버리는 순간
그것이 덧없는 환상임을 알리라!

아! 나에게 실상의 중음이 환상처럼 나타나 오는 이때,
모든 두려움과 공포를 버리고,
무엇이 나타나든 내 마음의 표출이며, 그것이 중음의 현상임을 알리라!
일대사(一大事)가 끝나는 중대한 시점에서
내 마음의 표출인 수많은 존자들의 모습을
이젠 겁내고 무서워하지 않으리라!

아! 나에게 재생의 중음이 환상처럼 나타나 오는 이때,
강렬한 발원을 마음에 품고 숙업의 착한 인연을 굳게 이어주며,
부정한 자궁의 문을 막은 뒤 해탈의 길로 돌아옴을 기억하리라!
지금 인내심과 순결한 생각이 나에게 절실히 필요한 이때,
남녀의 교합에 애착과 질투심을 모두 버리고
스승의 합체존으로 그들을 닦고 공양 올리리라!

죽음도 생각하지 않은 방일한 마음으로
덧없는 세상일에 매달려 골몰하나
빈손으로 돌아가는 지금에 와서야 허둥대니,
정녕 필요한 건 생사를 벗어나는 길을 아는 일.
어찌 아직도 불법을 닦지 않는가!
진리를 성취하신 성인들께서는 다음과 같이 말씀하셨네!

"스승의 교훈을 가슴에 담지 않음은 자기가 스스로를 속임이 아닌가?"

기도문 3
중음의 공포에서 벗어나기를 원하는 기도

수명이 다해 생명의 빛이 꺼지고
가족과 친구가 더는 돕지 못하고
홀로 중음의 험로를 유랑할 때,
제불보살님께서는 대비의 위신력을 베푸시어
무명의 검은 안개를 거두어 주소서!

정든 벗들 여의고 나 홀로 유랑하며
마음의 표출인 공(空)의 영상이 나타날 때,
제불보살님께서는 대비의 위신력을 베푸시어
중음의 공포가 일어나지 않게 하소서!

다섯 지혜의 오광명이 출현할 때
공포를 버리고 그 빛의 본질이 곧 나임을 알게 하소서!
적정과 분노의 존자들의 형상이 나타날 때
두려움을 버리고 이 존자들이 자기임을 확신하고
그러한 때가 바로 중음임을 깨닫게 하소서!

악업의 영향으로 괴로움을 당할 때
제불보살님께서는 이 고통을 멸해주소서!
진리의 소리가 천둥처럼 울려올 때
모두가 깨달음으로 이끄는 법음(法音)이 되게 하소서!

업보에 이끌려 외롭게 유랑할 때
제불보살님께서는 저를 구원하소서!
습기와 악업으로 고통을 겪을 때
빛과 희열로 가득 찬 삼매가 출현하게 하소서!

재생의 중음에 홀연히 화생할 때
마구니의 그릇된 예언이 없게 하소서!
어디든 사념의 힘으로 닿는 곳마다

악업에서 비롯된 착란의 공포가 없게 하소서!

사나운 들짐승이 무섭게 포효할 때
모두 "옴 마니 반메 훔"의 진언이 되도록 하소서!
어둠과 비바람과 차가운 눈에 내몰릴 때
밝은 지혜의 하늘눈을 얻게 하소서!

동일한 업보의 중음의 유정들이
질투를 버리고 좋은 곳에 나게 하소서!
번뇌와 열기로 목이 타고 허기질 때
기갈과 덥고 추운 고통이 없게 하소서!

내생의 부모님이 교합함을 볼 때
부처님 아버지와 어머니의 자비와 지혜가 합일함으로 보게 하소서!
태어남에 자유자재하고 중생을 위한 선업을 짓기 위하여
거룩한 상호의 몸을 얻어서 내 모습과 이름을 보고 듣는 이는
모두가 속히 해탈을 얻게 하소서!

악업은 속히 끊어지고 선업은 날로 자라나지이다!
태어나는 곳이면 어디가 되었든지 불보살님을 뵙게 하소서!
그리고 태어나는 즉시 과거의 생들을 빠짐없이 기억하고
한번 듣고는 잊지 않는 다라니 또한 얻게 하소서!
태어나는 곳마다 길상이 충만하고 중생들은 모두가 행복하여 지이다!

중음에서 보는 모든 존자들의 형상과 명호들과
그 존자들의 권속과 불국토의 공덕들을 낱낱이 알고 얻게 하소서!
본초불 보현불의 가피와 무량한 존자들의 지혜와 자비와
청정한 법계의 위신력과 일념으로 정진한 공덕으로써
지금 발원한 그대로 이룩되어 지이다!

기도문 4

중음의 험로에서 구원을 청하는 기도

아, 이 몸이 대상과 마음을 둘로 나누어 보는 착란으로
윤회의 수렁 속을 홀로 유랑할 때,
산란을 여읜 수행을 통한 청정한 빛의 길로
모든 부처님 아버지께서는 앞에서 이끄시고,
모든 부처님 어머니께서는 뒤에서 미시어,
중음의 험로에서 구원하소서!
부처님의 깨달음으로 인도하소서!

아, 이 몸이 오랫동안 쌓인 무지의 악업으로
윤회의 수렁 속을 홀로 유랑할 때,
법계체성지의 밝은 광명의 길로
비로자나 부처님께서는 앞에서 이끄시고
허공계자재모(虛空界自在母)께서는 뒤에서 미시어,
중음의 험로에서 구원하소서!
부처님의 깨달음으로 인도하소서!

아, 이 몸이 오랫동안 쌓인 분노의 악업으로
윤회의 수렁 속을 홀로 유랑할 때,
대원경지의 밝은 광명의 길로
금강살타 부처님께서는 앞에서 이끄시고
불안불모(佛眼佛母)께서는 뒤에서 미시어,
중음의 험로에서 구원하소서!
부처님의 깨달음으로 인도하소서!

아, 이 몸이 오랫동안 쌓인 교만의 악업으로
윤회의 수렁 속을 홀로 유랑할 때,
평등성지의 밝은 광명의 길로

보생 부처님께서는 앞에서 이끄시고
마마끼 불모(佛母)께서는 뒤에서 미시어,
중음의 험로에서 구원하소서!
부처님의 깨달음으로 인도하소서!

아, 이 몸이 오랫동안 쌓인 탐애의 악업으로
윤회의 수렁 속을 홀로 유랑할 때,
묘관찰지의 밝은 광명의 길로
아미타 부처님 아버지께서는 앞에서 이끄시고
백의불모(白衣佛母)께서는 뒤에서 미시어,
중음의 험로에서 구원하소서!
부처님의 깨달음으로 인도하소서!

아, 이 몸이 오랫동안 쌓인 질투의 악업으로
윤회의 수렁 속을 홀로 유랑할 때,
성소작지의 밝은 광명의 길로
불공성취 부처님께서는 앞에서 이끄시고
싸마야따라 불모(佛母)께서는 뒤에서 미시어,
중음의 험로에서 구원하소서!
부처님의 깨달음으로 인도하소서!

아, 이 몸이 오랫동안 쌓인 착란의 악업으로
윤회의 수렁 속을 홀로 유랑할 때,
태어날 때부터 이미 갖추고 있던 밝은 지혜의 길로
중음의 수많은 남성 존자들께서는 앞에서 이끄시고
중음의 수많은 여성 존자들께서는 뒤에서 미시어,
중음의 험로에서 구원하소서!
부처님의 깨달음으로 인도하소서!

허공 원소들이 적으로 일어나지 않고
청색 부처님(비로자나불)의 정토를 보게 하소서!

땅 원소들이 적으로 일어나지 않고
백색 부처님(금강살타불)의 정토를 보게 하소서!

물 원소들이 적으로 일어나지 않고
금색 부처님(보생불)의 정토를 보게 하소서!

불 원소들이 적으로 일어나지 않고
적색 부처님(아미타불)의 정토를 보게 하소서!

바람 원소들이 적으로 일어나지 않고
녹색 부처님(불공성취불)의 정토를 보게 하소서!

무지개 원소들이 적으로 일어나지 않고
다양한 부처님의 정토를 보게 하소서!

소리와 빛과 색이 적으로 일어나지 않고
무량한 적정과 분노존의 정토를 보게 하소서!

모든 소리가 자기의 소리임을 알게 하소서!
모든 빛이 자기의 빛임을 알게 하소서!
모든 색이 자기의 색임을 알게 하소서!

중음이 본래 자기의 본성임을 알게 하소서!
법보화 삼신의 정토를 실현하게 하소서!

죽음의 시간이 오면 우리는
슬픔과 두려움과 고통의 감정에 압도될 수 있다.
이 같은 고통과 아픔의 근원은 무엇일까?
그것의 근원은 우리의 집착이다.
집착을 잘 들여다보면
그것은 단지 습관에 불과하다.

책을
마치며

　제8장을 마지막으로 《티베트 사자의 서》를 그림편지로 엮은 '죽음에 부치는 편지'가 모두 끝났습니다. '끝'이라는 단어를 들으니 떠오르는 글이 있습니다. 이 경전(티베트 사자의 서)을 접한 심리학의 거장, 칼 구스타프 융(1875~1961)은 다음과 같이 반어로 가득한 찬사를 남깁니다.

　"《티베트 사자의 서》는 그것에 대해서 어떤 해설을 쓰더라도 '닫힌' 책으로 시작해 '닫힌' 책으로 남는다. 왜냐하면, 그것은 다만 영적인 이해력을 가진 사람에게만 열리는 책이기 때문이다.
　그런 이해력은 누구에게나 결코 타고나는 것이 아니라 후천적으로 끊임없는 명상 수행과 특별한 체험을 통해서만 얻어지는 것이다. 어떤 점에서 보더라도 이런 '쓸모없는' 책들이 세상에 존재한다는 것은 더없이 좋은 일이다.
　어차피 이런 책들은 현대 문명의 의미와 목적과 쓸모에 더 이상 매달리지 않는 '별난 사람들'을 위한 것일 테니까."

　"융의 표현을 빌려 저는 이 책을 마치며 3가지 바람을 담아 봅니다.
　첫째, 이 책이 '닫힌' 책이 아니라 '열린' 책이 되기를
　둘째, '쓸모없는' 책이 아니라 '소중한' 책이 되기를
　셋째, '별난 사람들'이 아니라 '보통 사람들'을 위한 책이 되기를."

끝으로 삶과 죽음의 의미를 알기 위해서 이 책을 '열린' 책으로 '소중하게' 읽으실 우리네 '보통 사람들'을 위하여 이 경전(티베트 사자의 서)에서 이 가르침을 만난 이들에게 남긴 당부의 메시지를 들려드리고자 합니다.

첫째, 전생에 복덕과 지혜의 두 자량(資糧)을 쌓고 악업을 정화한 사람들만이 이 가르침을 만날 수 있으니 이는 비할 바 없는 큰 행운이다. 그러므로 이 경전을 지극히 소중히 여겨야 한다. 이것은 일체법의 정수만을 가려서 모은 결정체이다. 아울러 이 가르침을 널리 전하는 공덕을 쌓아야 한다.

둘째, 비록 이 가르침이 쉽게 이해하기는 어려운 법이지만 단지 삿된 견해만 일으키지 않는다면 반드시 해탈하게 된다. 따라서 이 경전에 담긴 가르침을 항상 독송하고 연구하여 그 이치를 완전히 숙지하기 위해 노력해야 하며, 망자를 위해 간절히 독송해 주어야 한다.

셋째, 그러다 어느 날 자신의 죽음이 확실시 될 때, 죽음의 징표들을 정확히 살핀 다음 기력이 충분하면 자신이 읽고 그것을 사유토록 한다. 만약 그렇지 못하면 믿을 수 있는 이에게 대신 읽어주도록 부탁한 뒤, 그것을 분명히 기억함으로써 추호의 의심도 없이 중음에서 정토로 왕생하게 된다.

이상으로 '죽음에 부치는 편지'를 모두 마칩니다.
나무아미타불

혜산 합장